Il pleut à la maison

Parler de votre santé mentale avec vos enfants

Catalogage avant publication de Bibliothèque et Archives nationales du Québec et Bibliothèque et Archives Canada

Lamy, Céline, 1978-, auteur

Il pleut à la maison : parler de votre santé mentale avec vos enfants / Céline Lamy.

Publié en formats imprimé(s) et électronique(s).

ISBN 978-2-89662-896-4

ISBN 978-2-89662-897-1 (PDF)

ISBN 978-2-89662-898-8 (EPUB)

1. Parents malades mentaux. 2. Malades mentaux-Relations familiales.
3. Enfants de malades mentaux. I. Titre.

RC455.4.F3L35 2018 616.89 C2018-941002-7
C2018-941003-5

Édition
Les Éditions de Mortagne
Case postale 116
Boucherville (Québec)
J4B 5E6
editionsdemortagne.com

Maquette de couverture
© France Sévigny

Photo en couverture
© John Wilhelm

Illustrations intérieures
© Designed by Freepik, Bimbimkha, Brgfx, Dreamcreation01, Tretii984, Yuliana Design

Dépôt légal
Bibliothèque et Archives Canada
Bibliothèque et Archives nationales du Québec
Bibliothèque nationale de France
3e trimestre 2018

1 2 3 4 5 – 18 – 22 21 20 19 18

Imprimé au Canada

Financé par le gouvernement du Canada | Canada

Gouvernement du Québec — Programme de crédit d'impôt pour l'édition de livres — Gestion SODEC.

ASSOCIATION NATIONALE DES ÉDITEURS DE LIVRES

Membre de l'Association nationale des éditeurs de livres (ANEL)

Dr Céline Lamy
pédopsychiatre

Il pleut à la maison

Parler de votre santé mentale avec vos enfants

ÉDITIONS DE MORTAGNE

À Stéphane,
à ton tour ! Divenire !

À Adèle et Joseph, nos deux petites étoiles qui dansent.
« Il faut porter du chaos en soi
pour accoucher d'une étoile qui danse. »
FRIEDRICH NIETZSCHE

À tous mes petits patients et leurs parents,
« La vie, ce n'est pas d'attendre que les orages passent,
c'est d'apprendre à danser sous la pluie. »
SÉNÈQUE

Merci de me suivre dans cette danse !

AVERTISSEMENT : toutes les situations cliniques illustrant ce livre sont inspirées d'histoires vraies, de rencontres uniques et singulières; elles ont été cependant remaniées, et les noms ont été changés afin de préserver l'anonymat de mes patients.

Table des matières

INTRODUCTION

Je suis venue vous dire… pourquoi j'ai écrit ce livre

> *« Au milieu de l'hiver,*
> *j'ai découvert en moi un invincible été. »*
> ALBERT CAMUS

Pourquoi ai-je écrit ce livre ? Une réponse facile et rapide serait de dire que je suis pédopsychiatre, que je rencontre au quotidien des parents malades, des enfants souffrants. Bref, que c'est mon domaine.

Mais, par ce livre, je souhaite aider les parents à se délivrer des secrets et des mensonges qui les enferment, à oser nommer leurs souffrances, à relever la tête et à éviter la honte.

Alors, voilà : la souffrance psychique et la dépression sévère, je les ai vécues aussi.

Ce livre est d'ailleurs une forme de thérapie et une manière de présenter mes excuses à mon conjoint, à mes enfants. Thérapie pour sortir de la culpabilité liée à la maladie, excuses pour n'avoir pas pensé et écrit ce livre plus tôt, pour vous, mes enfants.

J'étais une femme dans la trentaine, médecin engagée, travaillant dans une clinique en France, vivant à cent à l'heure son métier auprès d'enfants et d'adolescents, maman de jumeaux, épouse.

Mais, du jour au lendemain, tout m'a échappé. Comme si avancer ne m'était plus possible, plus concevable, comme si tout me glissait entre les doigts telle une poignée de sable.

Il me semblait que, soudain, je ne pouvais plus rien contrôler, le grand « truc » que je savais si bien faire. Le clown joyeux tirait sa révérence et le clown triste prenait toute la scène d'assaut. Ce salaud.

J'ai tenté de changer de cirque, d'imprésario, de trouver d'autres numéros d'acrobates, d'autres blagues et d'autres lapins à sortir de mon chapeau.

Tout était désespérément vide et triste, la lumière avait abandonné le chapiteau.

Je me revois, penchée sur la boîte aux lettres pour récupérer le courrier, à me dire que peut-être il vaudrait mieux que mes enfants ne m'aient plus comme maman, que je ne convenais plus, à personne, pas même à moi. Que, si je partais au bout du monde, maintenant, alors qu'ils n'avaient que trois ans et demi, ils ne se souviendraient plus qu'ils m'avaient connue. Pas d'idées suicidaires, non, jamais, mais le sentiment de ne plus être à la hauteur de quoi que ce soit et, surtout, de ma famille.

OK, il était temps de consulter.

Le médecin a pudiquement mis un nom sur ma condition : épuisement professionnel, le fameux *burnout*. Une dépression pour moi, dont c'est le métier de la traiter !

Nous avons décidé (juste en improvisant) de dire aux enfants que maman était très fatiguée, que c'était pour cela qu'elle avait besoin de beaucoup se reposer et qu'elle n'irait pas au travail pendant quelques jours.

Moi, je ne me sentais pas capable d'expliquer quoi que ce soit. Et puis, expliquer quoi, d'ailleurs ? Que je me découvrais faillible et nulle, et qu'ils n'avaient pas de chance d'avoir une maman comme ça ?

Expliquer la maladie, la dépression, me paraissait hors de propos, voire « fou ». J'avais peur qu'ils ne saisissent pas, qu'ils s'inquiètent, peur de leurs regards sur moi. Ils étaient si petits… De vieilles amies longtemps oubliées refaisaient surface : peur, culpabilité, sentiment de n'être pas à la hauteur, honte…

Mes deux petits futés se sont vite demandé pourquoi j'étais encore fatiguée alors que j'avais assez dormi. On a alors parlé d'un gros rhume, le grand classique. Là encore, les questions fusaient: « Tu prends encore tes vitamines? Tu ne tousses plus, pourtant », sans compter les: « Pourquoi moi, je dois aller à l'école, et maman, elle va pas au travail? » « Pourquoi moi, je dois m'habiller, et maman, elle reste en pyjama? »

Les enfants commençaient à en parler à la maternelle, à dire que leur maman était très fatiguée. Ils passaient leur temps libre à dessiner pour maman, à faire des choses pour maman, bref, de bons petits soldats qui se battaient contre quelque chose, un ennemi invisible, bien trop grand et énorme pour eux, et, de toute façon, pas leur ennemi à eux, mais mon ennemi intérieur.

« Ça va, maman? » répétait ma fille quand elle réclamait quelque chose et que j'étais absorbée dans mes pensées. « Il ne te plaît pas, mon dessin? Pourquoi tu as l'air triste? »

« Elle ne nous aime plus, maman? » demandait mon fils à mon mari déboussolé.

Tout résonne encore en moi, plusieurs années après.

Pourquoi leur avoir répondu que oui, tout allait bien, alors que mes yeux, mon corps entier criaient le contraire? Comment avais-je pu penser que tout cela n'avait pas d'importance, pas d'influence, et que j'avais encore l'énergie du clown qui donnerait le change ?

Combien j'aurais aimé, combien j'aurais dû leur expliquer, précisément, ce qui se passait.

Mais, comme beaucoup, j'ai eu peur : de ne pas trouver les mots, de les inquiéter, de perdre mon statut de super-maman (bien ébranlé déjà). Et je me suis tue.

Je croyais être capable de faire comme si tout allait bien, donc tout est resté dans le huis clos de notre petite famille. Les amis, les collègues de travail n'ont pas su. Honte de ma faiblesse ? Stupidité, oui. J'ai tenu et remonté la pente. Mais à quel prix ? Celui des inquiétudes de mes petits qui, maintenant âgés de huit ans, semblent souvent à l'affût d'un effondrement, d'une inquiétude ou d'une anxiété.

Pourtant, en écrivant ce livre, pour eux, pour mon conjoint, je me suis sentie soulagée. Et toute la culpabilité réprimée est sortie d'un coup.

« L'important, maman, c'est d'être en famille », ne cessent de répéter mes deux petits trésors. Oui, c'est ça, la famille : partager les joies, les peines, dans le même bateau, toujours. Tous ensemble.

Récemment, mon fils m'a préparé une petite carte pendant une absence de quelques jours avec mon mari. Sur celle-ci, il a écrit « je t'aime, maman » et dessiné une maman aux cheveux jaunes, souriante, avec un soleil radieux au-dessus d'elle et un nuage qui pleut, un peu plus loin…

Si c'était à refaire, si je pouvais revenir en arrière, je m'assiérais sur le tapis du salon, avec nos petits et mon conjoint, en cercle, et je leur expliquerais tout doucement, tranquillement. Je donnerais un nom à cet inconnu qui bouleversait la maison. Je le nommerais, je le ferais exister vraiment, autrement que caché et honteux.

Oui, si c'était à refaire, j'aurais écrit ce livre et l'aurais partagé avec eux beaucoup plus tôt.

Mais plus tôt était peut-être trop tôt pour moi, et il m'a fallu tout ce chemin, traverser un océan, m'installer ailleurs, vivre au Québec, pour oser enfin.

PREMIÈRE PARTIE

Pourquoi faut-il en parler aux enfants?

« Notre vie commence à se terminer le jour où nous devenons silencieux à propos des choses qui nous importent. »

MARTIN LUTHER KING

CHAPITRE UN

Ce qu'en dit la littérature spécialisée : quelques repères

L'Organisation mondiale de la Santé a soutenu, en 2009, la Conférence européenne des enfants de parents atteints de troubles mentaux, laquelle les a nommés : les enfants oubliés. Pourquoi oubliés ?

Force est de constater que les études relatives aux conséquences des troubles mentaux parentaux sur les enfants sont rares ou témoignent d'un intérêt relativement récent. On étudie certes la transmission génétique, le caractère héréditaire de ces troubles, mais très peu l'influence au quotidien de la maladie parentale sur les enfants.

Si ces études insistent sur l'importance de stabiliser l'état psychiatrique du parent, de le soutenir dans ses habiletés parentales, peu d'entre elles se placent du point de vue de l'enfant: de quoi a-t-il besoin, lui?

Il en ressort que la problématique numéro un est le manque d'information sur ce qui se passe. Viennent ensuite les changements de rôle de chacun dans la famille et la parentification des enfants, les notions de peur, de culpabilité, de secret et de confusion.

Enfin, on souligne l'importance du soutien social (famille élargie, école, amis) pour aider les enfants à vivre et à faire face au quotidien.

De plus, il apparaît que l'intensité avec laquelle les enfants vont être touchés par la maladie psychiatrique parentale dépendra de leur compréhension de la situation. Cette compréhension va influencer directement leur capacité à y faire face.

Quelle que soit l'expérience vécue, la façon dont l'individu comprend cette expérience pourrait être autant, voire plus importante que l'expérience vécue elle-même!

Nietzsche disait déjà que « l'expérience, ce n'est pas ce qui arrive à un homme, mais ce qu'un homme fait avec ce qui lui arrive ».

Grâce à cette compréhension, l'enfant serait plus en mesure d'intégrer l'expérience en régulant l'émotion qui y est associée. Cela participerait au bon développement émotionnel.

Ainsi, trouver un sens à ce qui se passe est primordial, que ce soit dans le cas de maladies chroniques ou de drames vécus (deuils). La maladie mentale ne devrait pas faire exception.

Certains auteurs insistent sur le fait que les enfants qui sont dans l'acceptation de la situation, dans une pensée positive et d'espoir, grâce à l'accès à des informations précises et claires, sont moins anxieux, moins soumis à des effondrements dépressifs et présentent moins d'agressivité.

De plus, il semble que, grâce à ces informations, l'enfant, et plus tard l'adulte, soit plus apte à prendre de la distance avec l'expérience vécue et à ne pas se laisser définir par elle.

Finalement, la littérature souligne qu'il est important que les enfants aient accès à une information précise, claire et adaptée à leur capacité de compréhension.

CHAPITRE DEUX

Quelles sont les répercussions de la maladie mentale parentale sur les enfants?

La maladie mentale peut être, comme toute maladie chronique ou grave, un véritable ouragan dévastateur et perturbateur de l'équilibre familial, balayant tout sur son passage.

Rappelons que de nombreux patients suivis en psychiatrie sont parents et que, évidemment, nos jeunes patients en pédopsychiatrie sont, pour la plupart, amenés par leurs parents!

L'enfant est la première « victime » à cause de ses stratégies d'adaptation moins développées, de son insécurité et de sa dépendance à l'entourage, mais aussi en raison de sa fragilité psychologique, liée à son âge et à sa construction psychique en cours.

Revenons cependant sur les réactions de l'enfant qui peuvent être causées par la maladie parentale (ces réactions sont visibles dans le cas d'une maladie physique ou mentale).

D'après mon expérience, je peux dégager cinq thèmes qui se manifestent quasi systématiquement : la perte (comme dans un deuil), la colère, la culpabilité, la confusion, la peur.

La perte dans cette situation peut impliquer différents éléments :

— Perte du parent d'avant, du parent « en forme ».

— Perte de la place dans la famille (on devient le parent des petits frères et sœurs, parfois le parent du parent).

— Perte du sentiment de normalité, impression d'avoir une famille étrange, bizarre, honteuse.

— Perte de la famille idéalisée et stable, rassurante.

— Perte de l'impression de vivre une enfance normale comme les autres ; on ne sent plus qu'on fait partie du groupe des pairs, on s'isole, on est moins invité aux fêtes des amis, car ils nous trouvent changé, moins rigolo ; on ne les invite plus à la maison, car on a souvent honte de notre parent, de son comportement ou de son attitude bizarre ; on est embarrassé par la maison, qui peut être désordonnée.

— Perte de confiance en soi.

— Perte de confiance en l'adulte qui, parfois, donne l'impression de ne pas aider, par exemple le médecin du parent, le professionnel concentré sur le parent malade.

— Perte du droit d'être heureux et de faire des choses pour soi : jouer, s'amuser, rire ; cela peut plonger l'enfant dans un véritable syndrome du survivant où il se demande : « Pourquoi aurais-je le droit d'être heureux, moi, de m'amuser, de rire, d'être en santé ? Pourquoi suis-je en forme et pas maman/papa ? »

— Perte du droit à ses propres désirs, besoins, objectifs.

— Perte du contrôle de sa propre vie.

En raison de ce sentiment d'impuissance, l'enfant va tenter de contrebalancer la situation familiale précaire. Il va opérer paradoxalement un contrôle excessif de son propre quotidien. Il s'agira pour lui de ne pas faire de bruit, de ne pas déranger, d'être parfait pour ne pas contrarier. Il ne faut pas faire plus de peine… L'enfant développe, devant l'inefficacité de son plan, aussi louable soit-il, un fort sentiment d'impuissance et une perte d'estime de soi. « Je suis incapable de rendre papa ou maman plus joyeux, moins en colère, plus normal. »

À cela se mêlent aussi de la colère et du ressentiment qui viennent accroître le sentiment de culpabilité : « Je suis en colère contre papa ou maman, mais je ne devrais pas. » Cette colère peut se rapprocher de celle ressentie dans une phase de deuil, après la perte d'un être cher. Elle est dirigée contre le parent malade, mais s'exprimera rarement contre lui. Les adultes relais (l'autre parent, les professeurs, la famille) seront souvent la cible de cette colère. De plus, l'enfant la retournera parfois contre lui (autoagressivité, propos suicidaires pour les plus grands). La culpabilité vient également, je le développerai plus loin, du fait que l'enfant se juge responsable de la situation parentale.

La confusion est liée à l'imprévisibilité des phénomènes psychiatriques et à la bizarrerie de certains symptômes qui peuvent perturber le discernement chez l'enfant de ce qui est normal et de ce qui ne l'est pas, y compris de ses propres réactions et émotions. Il peut perdre sa capacité à prendre soin de lui et à tenir compte de ses besoins, privilégiant ceux du parent malade.

L'enfant peut également développer un fort sentiment d'insécurité interne, d'angoisse intense, et des peurs irrationnelles. La maladie mentale, comme toute maladie du parent, entraîne des inquiétudes chez l'enfant sur sa propre santé, sur le risque d'être contaminé ou d'avoir hérité génétiquement du même trouble sans savoir toutefois de quoi il s'agit.

Chez les plus petits, cette anxiété sera rarement verbalisée comme telle ; nous observerons plus facilement une anxiété de séparation : agitation, pleurs lors de séparations « classiques » (aller à la garderie ou à la maternelle, aller dormir chez un parent ou chez un ami). Les plus grands peuvent manifester un refus d'aller à l'école, alléguant des symptômes physiques (maux de ventre, de tête, vertiges, nausées). Ils peuvent aussi persister dans des questions sur la santé du parent, exprimant régulièrement leur peur de la maladie ou de la mort d'un parent. Enfin, cette anxiété de séparation peut se manifester par des difficultés en classe, comme de l'agitation, des troubles du comportement, une façon pour l'enfant d'être exclu, de rentrer s'occuper du parent ou d'être avec lui, tout simplement.

Cas clinique

Martin a huit ans et, depuis plusieurs semaines, il multiplie les agressions dans la cour de récréation. L'enseignante le trouve taciturne, replié sur lui-même et très réactif. Il adopte un comportement provocateur, répond avec impolitesse, voire irrespect. Il dérange en classe en faisant des bruits d'animaux, se balance sur sa chaise jusqu'à tomber, ce qui provoque les rires des autres élèves et son envoi chez la directrice. À chaque intervention, il se désorganise et hurle : « Tu n'as qu'à appeler mon père, d'abord, il viendra me chercher. »

L'école finit par recommander une consultation lorsqu'il menace la directrice de brûler l'école si elle ne le laisse pas rentrer chez lui.

En consultation, je découvre un petit garçon accompagné de ses deux parents. Il est hypervigilant, évite mon regard, joue avec son chandail et ne répond aux questions que difficilement, non sans avoir plongé ses yeux dans ceux de son père, comme pour se faire rassurer et valider dans toutes ses réponses. Il est au bord des larmes régulièrement et surtout lorsque nous abordons ses peurs. Si, au départ, il affirme n'avoir peur de rien, il admet du bout des lèvres s'inquiéter pour papa. Nous apprenons que le père a été hospitalisé à deux reprises en raison d'une maladie bipolaire et qu'il est actuellement en arrêt maladie, depuis trois semaines. Martin sait que papa ne travaille pas, car il est fatigué, et que, lorsqu'il est très fatigué, il va à l'hôpital pour prendre des vitamines… sans plus d'explications.

Martin a développé une anxiété de séparation, une angoisse majeure en lien avec la crainte de perdre son père. Ses efforts désespérés pour se faire exclure de sa classe n'ont aucun autre but que de le faire expulser de l'école afin qu'il rejoigne papa à la maison pour le surveiller, être à côté de lui.

Il m'explique d'ailleurs à quel point la directrice de son école est stupide, car elle ne veut même pas appeler papa, alors qu'il est à la maison et qu'il pourrait venir le chercher.

Si l'école est au courant de la situation paternelle et tente de « maintenir l'élève en classe pour ne pas entrer dans son jeu de manipulation », l'émotion et le vécu du jeune sont en revanche occultés. Réduire la détresse du jeune à un caprice ou à une manipulation, c'est nier son angoisse de perte du parent. Comment accepteriez-vous d'aller travailler chaque jour si vous aviez la certitude que votre enfant est en danger de mort ?

Il a fallu outiller l'école pour une compréhension des enjeux d'anxiété qui ne relevaient pas d'un trouble d'opposition, mais bien d'une tentative désespérée de Martin de rejoindre son père, pour lequel il éprouvait la plus grande inquiétude, car rien ne lui avait été expliqué.

C'est par une discussion sur l'état de son papa, par l'explication de la situation, en le rassurant et en l'impliquant dans le processus que, petit à petit, Martin a pu se « laisser aller » à redevenir un enfant joyeux sur le chemin de l'école. Il a pu s'investir dans son travail scolaire, dans ses amitiés, rassuré qu'il était sur le fait que, pendant qu'il allait à l'école, papa aussi faisait ses devoirs en prenant soin de lui, en allant voir son médecin, en pratiquant les exercices conseillés par son psychologue.

L'anxiété chez l'enfant peut générer, on l'a vu, de nombreux comportements « dérangeants », notamment à l'école : agitation, difficultés d'attention, de concentration, troubles du comportement, agressivité verbale ou physique. Les enfants sont plus instables sur le plan émotionnel, plus irritables.

Les crises de colère peuvent également masquer une anxiété qui ne se dit pas. J'aime souvent expliquer aux parents et aux enfants que la colère, c'est l'anxiété ou la tristesse qui sort déguisée.

Parfois, les signes d'anxiété sont moins bruyants : l'enfant se ronge les ongles, développe des tics, met en place des rituels. Par exemple, le soir, il aligne ses toutous, compte les objets autour de lui, demande à son parent de répéter des phrases ou le questionne inlassablement. Par ses rituels de rassurance, l'enfant tente de contrôler son environnement afin que celui-ci soit le plus immuable possible, le moins imprévisible et, donc, le moins effrayant.

Cette anxiété peut aussi engendrer des phases de régression comportementale : l'enfant se met à sucer son pouce en classe ou, dans des situations qui génèrent en lui de l'inconfort, il peut se remettre à faire pipi au lit ou à s'échapper dans la journée.

Dans certains cas, l'enfant peut se replier sur lui-même, perdre le goût de jouer avec ses amis, de faire ses activités ; on peut alors observer de réels signes d'une dépression qui s'installe insidieusement. L'enfant développe parfois le sentiment d'être seul, de vivre une situation extraordinaire que personne d'autre ne peut comprendre. Vivant dans le secret et la honte de quelque chose qu'il ne comprend pas, il a le sentiment de ne pouvoir communiquer ni partager son expérience, sous peine d'être jugé, ridiculisé et trahi. Il développe une perte de confiance en lui-même et en l'autre, enfant comme adulte, adulte qui pourrait pourtant éventuellement être une ressource ou un adulte relais.

Enfin, s'ils ne sont pas compris, les épisodes soudains, inexpliqués, teintés d'une charge émotionnelle intense, avec vécu de frayeur, voire d'effroi, peuvent être autant d'événements traumatiques qui risquent de créer à long terme un véritable stress post-traumatique. Le cas de la petite Laura en est un exemple frappant.

Cas clinique

Laura a onze ans. Elle m'est envoyée pour des troubles du sommeil sévères. L'endormissement nécessite plusieurs heures et le sommeil, lorsqu'il survient, est entrecoupé de cauchemars et de réveils multiples.

Laura est décrite comme une petite fille hyperréactive qui sursaute au moindre bruit. Elle a de fréquents flashbacks d'épisodes terrorisants vécus l'année dernière, avec sa mère, épisodes qu'elle a cachés tant à l'école qu'aux voisins. Pendant un an, Laura a dissimulé à tous que sa maman délirait. Isolées (le père n'a pas reconnu l'enfant à la naissance et la mère a coupé les ponts avec sa famille), elles vivaient toutes les deux à huis clos. Oh, bien sûr, Laura avait trouvé bizarre, au départ, que sa mère fasse régulièrement des sortes de messes de magie pour éloigner le mauvais œil. Mais cela ne lui faisait pas très peur et, en plus, elle n'y participait pas. Sauf que, quand sa maman avait voulu la faire participer, pour la protéger des méchants à l'extérieur, Laura avait trouvé cela moins drôle. Surtout que, dans ces cas-là, sa maman était vraiment effrayante et poussait des cris qui lui glaçaient le sang.

Laura a rapidement compris que sa maman n'allait pas bien, mais elle ne voulait pas la trahir ni, surtout, risquer d'en être séparée, car elle n'avait personne d'autre. Et puis, comme elle ne pouvait pas imaginer que c'était une maladie, Laura devenait de plus en plus méfiante à l'égard de l'extérieur, ayant l'impression que, finalement, sa mère avait raison d'avoir peur du monde. Petit à petit, la fillette pétillante et curieuse s'est éteinte, et c'est l'enseignante, qui observait depuis quelque temps des cernes qui se creusaient, un poids qui chutait, de la négligence côté vêtements et hygiène, qui a donné l'alerte et essayé d'appeler la mère, en vain. Laura, elle, restait murée dans le silence. Un signalement a permis de mettre au jour la situation. L'hospitalisation de la mère était inéluctable ainsi que le placement temporaire de l'enfant en famille d'accueil.

C'est dans ces circonstances que j'ai rencontré Laura, dont les cauchemars étaient peuplés de sa mère délirante. Elle vivait une culpabilisation intense, persuadée qu'elle n'avait pas su protéger sa mère des « méchants » dont elle avait si peur et qui l'avaient emmenée. Le délire de la mère avait quasiment contaminé la fille, qui voyait l'hospitalisation de la première et son propre placement en famille d'accueil comme la confirmation que le monde était dangereux et méchant, comme maman le lui avait répété tous les jours : « Ne fais confiance à personne, rentre vite après l'école, ne parle pas. » Il a fallu un travail progressif d'explication de la maladie schizophrénique pour aider Laura à comprendre les interventions des médecins auprès de sa mère, celles des services sociaux pour la mettre en sécurité et lui permettre de prendre soin d'elle. Un long processus de retissage du lien mère-enfant a été nécessaire lors de visites supervisées par des professionnels. Lorsque la mère a été stabilisée, nous avons pu organiser des rencontres positives, significatives. Ces moments allaient permettre à l'enfant de reconstruire sa relation avec sa mère, de la comprendre à travers le prisme de la maladie et d'apprendre à distinguer les comportements bizarres dictés par celle-ci.

Si des symptômes anxieux, dépressifs, des manifestations comportementales inhabituelles sont observés, ils peuvent nécessiter la consultation d'un spécialiste afin de soutenir l'enfant dans ce qu'il vit et de l'aider à le verbaliser.

Nous sommes tous de potentiels « sonneurs d'alarme » face à un enfant de notre entourage qui, tout à coup, change de comportement et nous inquiète : parent, voisin, enseignant, nous devons être sensibilisés à la détresse de ces enfants « invisibles ». Je les appelle invisibles car ils sont cachés, dissimulés, noyés dans leur histoire familiale, histoire envahie par la maladie parentale. Celle-ci prend toute la place, sans être nommée, et c'est comme si elle les engloutissait, parfois.

C'est aussi un petit rappel à bon nombre de professionnels de ne jamais omettre de se pencher sur la dynamique familiale et notamment sur la question des antécédents familiaux avant de conclure à un classique TDAH et d'opter pour la prescription pharmaceutique parfois catastrophique qui en découle... En effet, ne l'oubliez pas, vous serez peut-être le seul adulte relais, avec l'école, à qui l'enfant pourrait se confier. Si vous répondez à côté de la problématique en l'étiquetant à la hâte et en renvoyant le petit avec une ordonnance (pour des psychostimulants, par exemple, car il est trop agité et déconcentré), ce sera une rencontre ratée qui pourrait avoir des effets dévastateurs ultérieurement. Et Dieu sait qu'il existe encore des diagnostics posés à la va-vite, sans considération de ces dynamiques… Mais je m'égare !

Ce tsunami que peuvent représenter la maladie mentale et ses symptômes a des conséquences sur l'apprentissage de la vie au quotidien. Vivre les symptômes au quotidien, c'est faire attention à des détails qui paraissent insignifiants à d'autres mais qui, dans le cas d'un parent malade, demandent une adaptation de tous les instants pour l'enfant. En fonction de l'état du parent, dès le matin l'enfant va essayer instinctivement d'adapter son attitude, son comportement : ne pas faire trop de bruit, ne pas formuler trop de demandes, essayer de se débrouiller tout seul. Bref, être le plus discret possible.

Il sera sans cesse assailli par des questionnements anxieux : est-ce que papa/maman pourra venir me chercher à l'école ? Sinon, qui viendra ? Papa/maman a-t-il ou a-t-elle pensé à : payer la cafétéria à l'école ce mois-ci, m'inscrire à ma session de soccer ?… Viendra-t-il ou viendra-t-elle au spectacle de danse comme promis ? (Pas comme la dernière fois, où il ou elle a oublié.)

Le quotidien sera donc peuplé de préoccupations qui feront perdre à l'enfant, petit à petit, son insouciance et sa spontanéité.

Il peut aussi être bouleversé par des hospitalisations du parent, qui, si elles ne sont pas expliquées ou comprises, vont générer des questionnements multiples et des hypothèses erronées. Dans certaines circonstances, l'enfant doit aller vivre chez ses grands-parents, oncles et tantes; dans des situations d'urgence, avant que la famille arrive, c'est le voisinage qui peut le garder; enfin, il arrive parfois que l'enfant doive être temporairement placé dans une famille d'accueil ou un établissement des services sociaux.

Donc, non, le quotidien n'est souvent pas un long fleuve tranquille... Et l'enfant doit apprendre à vivre avec, en plus de tous les apprentissages qu'il doit normalement faire (à l'école, notamment).

Alors, comment pouvons-nous imaginer que nos enfants puissent apprendre à vivre et à « faire avec » si nous les maintenons dans l'ignorance?

L'enfant va aussi, parfois, devoir faire face à la stigmatisation, ce qui implique qu'on condamne une attitude jugée répréhensible. Nous savons combien les personnes atteintes de troubles psychiatriques la subissent tous les jours. Comment nos enfants peuvent-ils comprendre les moqueries et remarques de leurs camarades (venant souvent des propos entendus de la bouche de leurs parents), s'ils ne sont pas mis au courant de la réalité, de notre réalité ? La stigmatisation des troubles mentaux entraîne des risques d'intimidation et de harcèlement.

À la lecture de ces conséquences possibles, on pourrait se demander à quoi bon en parler si l'enfant est déjà plongé dans un tel sentiment d'angoisse intense, de perte, de peur et de culpabilité.

Ces effets vont être différents chez chaque individu et dépendent beaucoup de la résilience (le fait de rebondir face à l'adversité et de surmonter les épreuves de la vie). Celle-ci sera possible notamment grâce à l'information que vous donnerez à votre enfant sur votre situation (les études sont toutes formelles à ce sujet: l'information sur la situation parentale et la compréhension de celle-ci joueront un rôle majeur dans la façon dont l'enfant va vivre avec elle et lui faire face).

Si certains sont spontanément résilients, d'autres le deviendront avec l'aide de personnes-ressources, principalement vous, les parents. L'explication de la situation, le soutien et le réconfort sortiront l'enfant du secret. Si vous lui confiez votre histoire, votre ressenti et votre expérience, il va pouvoir, à son rythme, développer cette résilience. Elle fera de lui, plus tard, un adulte plus fort, plus empathique, plus compatissant, tolérant, compréhensif et ouvert à la différence. Il saura mieux apprécier la vie, relativiser les difficultés et avoir des priorités plus saines.

« La résilience, c'est plus que résister, c'est aussi apprendre à vivre », nous rappelle Boris Cyrulnik (1). Elle est fonction des ressources internes, mais aussi du soutien extérieur: une simple parole, un regard, un sourire, une main tendue... ET de la façon dont vous allez aborder le sujet avec votre enfant. Il a besoin d'être reconnu comme digne de confiance par le parent qui lui confie son secret, par les professionnels de la santé qui prennent soin de son parent, par l'école, par ses amis.

Il faut donc mettre fin au tabou, sortir du secret, de la honte et de la stigmatisation.

Ouvrons nos cœurs, nos vies et notre histoire!

Il devrait être aussi naturel de parler de son diabète, de son hypertension artérielle, de son cancer que de son trouble mental!

Pour résumer, nous savons, et c'est la bonne nouvelle, que l'un des moyens de prévenir certains effets de cet ouragan repose en grande partie sur le fait que l'enfant participe activement à la réalité parentale et qu'il soit, si possible, un acteur informé, et bien informé.

Et c'est tout l'objet de ce livre!

CHAPITRE TROIS

Parler de son cancer, oui, mais de la maladie mentale…

Parler aux enfants de la maladie, notamment de la maladie mentale ou du trouble psychiatrique, de la souffrance psychologique, n'est pas facile. Longtemps, les professionnels de la santé et de l'enfance se sont positionnés de façon frileuse sur la question : faut-il dire aux enfants certaines réalités parentales douloureuses ?

Je pense, entre autres choses, à la question du cancer.

J'ai en tête de nombreux récits d'amis, de proches désormais adultes, confrontés petits à la maladie cancéreuse d'un des deux parents et à qui tout était caché. J'ai le souvenir ému de cette amie me racontant que rien de la maladie cancéreuse de sa mère ne lui avait été dit, qu'elle était restée dans l'inquiétude, le questionnement, jusqu'à ce qu'un jour son père lui demande d'aller embrasser sa mère et de lui dire au revoir... quelques heures avant le décès de celle-ci.

De nombreux travaux et recherches ont validé la nécessité d'accompagner les enfants de parents gravement malades, en particulier du cancer.

On retrouve ainsi de fabuleux programmes dans les hôpitaux qui permettent aux enfants d'être reçus, écoutés, et d'obtenir avec leurs parents des explications sur la situation, sur ses conséquences, sur ses enjeux. Il existe des livres, des dépliants, des formations pour les soignants en oncologie. Ce qui paraît désormais « logique » en matière d'accompagnement des enfants pour cette maladie chronique et quelques autres ne semble qu'à peine effleuré pour la maladie mentale. Pourtant, cela implique, dans le cas de certains diagnostics, la même chronicité, la même nécessité de médication parfois lourde, d'hospitalisations récurrentes, et, dans tous les cas, le même bouleversement familial.

J'ai aussi pu constater qu'évoquer la maladie mentale ou la souffrance psychologique parentale ne semble pas aller de soi, même pour les professionnels. Lorsqu'on entend les témoignages de certains enfants, accompagnant leur parent dans la salle d'attente du psychiatre, on est souvent frappé par la même sensation partagée. « C'est comme si j'étais transparent, comme si le psychiatre de maman ne me voyait pas. Il ne me salue pas. Maman entre et puis sort, et je ne sais pas ce qui lui arrive. »

Comprendre ce qui arrive… voilà ce que les enfants demandent et sont en droit de réclamer !

Pourquoi tant de blocages quand vient le temps de parler de psychiatrie ?

Voyez comment la sémantique permet à beaucoup de se cacher derrière un euphémisme plus « supportable », moins dérangeant : on parle de santé mentale et de troubles de santé mentale… Parle-t-on de trouble de la santé du cœur quand il s'agit de maladie cardiaque, ou de trouble de la prolifération de cellules atypiques pour parler de maladie cancéreuse ? L'organe atteint dans notre spécialité est la psyché, le cerveau, nous sommes des psychiatres et les maladies sont psychiatriques. Pourquoi ne commencerions-nous pas déjà par appeler un chat un chat, comme le dit le vieil adage populaire ?

Ces tours de passe-passe de vocabulaire sont le reflet du malaise de la société quand il faut nommer, définir ce champ. Comme si le mot « psychiatrie » faisait tout à coup résonner « folie », « internement », « dangerosité » (mots qui reviennent le plus dans les sondages auprès de la population en ce qui concerne la psychiatrie).

Matthew Quick a dit: « Le problème de stigmatisation autour de la santé mentale est vraiment celui des histoires que nous nous racontons en tant que société. »

Ainsi, la question psychiatrique dans son ensemble est encore délicate, et évoquer une maladie psychiatrique, qu'elle soit chronique ou aiguë, avec son enfant ne semble évidemment pas d'actualité pour les parents, tant ceux-ci ont déjà du mal à en parler autour d'eux. Je constate trop souvent de quelle façon les parents sont prompts à donner leurs antécédents médicaux familiaux « classiques » (maladie cardiaque, cancer, problème de thyroïde, diabète), mais réticents quand il s'agit des antécédents psychiatriques. J'ai souvent droit à un « non, rien de mon côté » murmuré par un des deux parents qui évite soigneusement mon regard... Parfois, on me nomme le célèbre *burnout* ou la molle « déprime » pour aborder pudiquement une dépression majeure.

Il arrive encore trop souvent que j'aie à évaluer des enfants, adressés par un professionnel car « aucun médicament ne fonctionne pour calmer son agitation », et que je réalise au bout du compte que l'agitation est une réaction à la dynamique familiale d'une problématique parentale. Nous découvrons tardivement la situation mentale parentale, le plus souvent lorsque je demande une observation dans le milieu familial... Si nous vivions dans une société où il est aussi facile de parler de sa maladie mentale que physique, cela faciliterait grandement notre réflexion sur les symptômes présentés par les enfants ! Alors, parents, pensez-y lorsqu'un professionnel vous questionne sur vos difficultés psychologiques : il ne s'agit pas de vous pointer du doigt ou de vous « accuser » d'être la cause des symptômes de votre enfant, mais juste d'avoir un portrait le plus précis possible de l'environnement de celui-ci.

Cependant, je trouve les parents de plus en plus courageux : certains « osent » évoquer leurs diagnostics de maladies psychiatriques, leur trouble de la personnalité, leur problème de dépendance. Sans honte. C'est ce vers quoi tous devraient pouvoir tendre. Mais du chemin reste encore à faire.

Continuez à avancer dans la réflexion ou mijotez peut-être quelque temps la lecture de ces deux premiers chapitres.

Vous allez possiblement voir venir des objections, des réflexions, des doutes sur ce que je viens d'énoncer. Ces objections sont normales et quasi systématiques chez les parents, mais lisez plutôt la suite…

CHAPITRE QUATRE

Réponses aux questions et inquiétudes des parents malades

« En ne voulant pas lui faire de la peine,
je lui ai fait beaucoup de mal. »
JACQUES SALOMÉ

Voici un éventail de questions ou remarques colligées au fil de ma pratique, alors que j'évoquais avec les parents l'importance de parler de leur situation psychiatrique avec leurs enfants. Chaque réflexion sera l'occasion d'éclaircir le « pourquoi faut-il en parler ? ».

RÉFLEXION 1 :

« Je préfère faire comme si de rien n'était. Il ne se rend compte de rien ; au quotidien, je fais comme si tout allait bien, je souris, je tiens mon rôle de super-papa. Enfin, j'essaie… »

L'enfant est, dès le ventre de sa maman, un être qui sent, qui ressent : il est intuitif, sensible. Ses sensations, ses intuitions, vont être tirées, non pas du langage (qu'il ne maîtrise évidemment pas tout petit), mais du décryptage du non-verbal parental : mimique, geste, ton et intensité de la voix, du regard, etc.

On sait que, dans le ventre de sa mère, le fœtus est sensible aux émotions de celle-ci, à son stress, au son de la voix de ses parents, aux bruits ambiants. Il ne comprend forcément pas, mais ressent déjà les variations de son environnement et y réagit.

En grandissant, le bébé puis l'enfant va améliorer son système de perception, acquérir le langage, précieux sésame pour comprendre encore mieux et remettre en question les subtilités de ce qui l'entoure.

Il affine progressivement son repérage des changements, même les plus infimes, dans une atmosphère, une ambiance familiale, et va tenter de décoder les interactions entre les différents acteurs de sa vie, dont les personnages centraux sont ses parents.

Il sent et il sait donc d'instinct, du fait du changement, même minime, d'un ton, d'un regard, d'une routine, qu'il se passe quelque chose.

Les enfants, en plus de ressentir ce qui les entoure, observent et apprennent par imitation en nous regardant vivre et interagir avec les autres ; chaque modification de routine, de rôle et de place dans la famille, chaque mouvement de colère brusque, chaque peine, et toutes les larmes, tous les cris, toutes les absences injustifiées vont les désorienter.

Les absences « psychiques » ont tout autant de répercussions que les absences physiques réelles. Par « absence psychique », j'entends un parent présent, physiquement, mais qualitativement et psychiquement absent (regard dans le vide, réponses évasives, mutisme, repli sur soi ou occupation sur un ordinateur, un téléphone, etc.).

Parfois aussi, l'enfant perçoit et vit un changement brutal et soudain, comme une vague qui viendrait balayer brusquement la famille, emportant sur son passage la maison et tous ses habitants. Le caractère imprévisible et subit de ces tempêtes témoigne là encore d'un climat insécurisant plongeant l'enfant dans un état de stupéfaction, puis d'attente de la fin de l'orage, et enfin d'anticipation anxieuse du prochain cataclysme possible. Dans ce cas, on pourrait penser que le caractère fluctuant ou moins fréquent des changements serait moins nuisible à l'enfant et que ceux-ci passeraient plus inaperçus ; mais l'anticipation anxieuse dans laquelle l'enfant est plongé le maintient dans une incertitude et une hypervigilance de tous les instants.

Ainsi, même s'il est brusque, inconstant et rare, l'épisode laisse une trace qu'il faut expliquer sous peine de voir la cicatrisation se faire de façon traumatique.

Croire que notre enfant ne voit rien, n'entend rien, ne sent rien et ne ressent rien est souvent l'une des premières erreurs que nous commettons, persuadés que nous sommes d'être de bons comédiens (ou un bon clown dans mon cas…). Il n'en est évidemment rien. Aucune position héroïque n'est tenable.

Cas clinique

Nora est une petite fille de neuf ans qui m'est adressée pour décrochage scolaire et agressivité vis-à-vis des professeurs et de ses pairs.

Sa maman, depuis six mois, lutte contre une dépression majeure dont Nora ignore tout. La mère me décrit comment elle continue de gérer la vie familiale, entre devoirs scolaires et accompagnement de Nora dans ses activités. Les seuls moments où madame s'effondre, c'est entre huit heures quinze, heure du début de l'école, et seize heures. Pendant ce temps, entre prise médicamenteuse et rendez-vous chez le psychiatre, participation à un groupe de parole, madame ne tient plus et s'écroule… avant de rendosser chaque fin d'après-midi la cape de super-maman. Elle ne veut pas inquiéter sa fille, plutôt la protéger de tout cela : une passade dont elle se sortira bien, bon petit soldat qu'elle est. Ne rien lui dire et faire comme si. De toute façon, Nora ne l'a jamais vue que bien mise, maquillée et coiffée, souriante…

Depuis un mois maintenant, Nora exprime une agressivité majeure teintée d'opposition envers ses professeurs, qui ne la reconnaissent plus. Nora paraît fébrile, agitée, ne tient pas en place, est distraite. L'école, ignorante également de la situation, me l'adresse par l'entremise de la psychologue scolaire pour hypothèse de TDAH (eh oui, encore lui !).

Reçue seule, Nora aborde très vite la question centrale de « ce que ma mère ne me dit pas », de sa certitude que sa mère n'est plus la même, moins disponible psychiquement, moins enthousiaste. Nora sait qu'on lui cache quelque chose. Elle a constaté la perte de poids, la perte d'appétit, les bruits de sa mère insomniaque, les cernes. Après en avoir discuté avec ses amies, la fillette en a conclu que sa mère avait possiblement une maladie grave et que, si tous la lui cachaient, c'est que c'était peut-être une maladie mortelle. Un cancer, notamment.

Elle a donc développé une colère intense, surtout à l'égard de sa maman « cachottière et menteuse ». Mais comment expliquer à sa mère cette colère et cette douleur d'être mise à l'écart du secret? « Alors, se justifie-t-elle, je réponds aux professeurs; les adultes me dégoûtent... Et mes amies, elles m'énervent avec leurs histoires de filles, elles ne comprennent rien et elles ne peuvent pas comprendre de toute façon. » Nora a clairement répondu au silence de la mère, mais pas en l'affrontant: cela est trop impensable pour elle. En protégeant sa mère, il a fallu qu'elle exprime sa colère aux adultes relais, adultes moins fragiles, et à ses pairs, représentant ces « autres qui ont la vie facile ». Il a fallu un travail de retissage du lien entre Nora et sa mère et convaincre la maman que sa fille n'était absolument pas dupe des changements maternels, même minimes, lorsqu'elle ne tenait pas parfaitement son rôle de supermaman.

Un accompagnement de quelques séances a été nécessaire afin de permettre à la maman d'expliquer pourquoi elle avait traversé cela en silence, pour sa fille, en pensant protéger Nora.

ÉVIDENCE 1 :

Votre enfant sait toujours quand quelque chose ne va pas.

RÉFLEXION 2 :

« Si je le cache bien, il n'y aura pas de conséquence, je peux vivre cela par moi-même ou avec l'aide de mon conjoint ou de ma conjointe, ce n'est pas une affaire d'enfant. »

Faire comme si tout allait bien, comme s'il ne se passait rien, revient à dire à l'enfant que ce qu'il vit, ce qu'il ressent, n'est pas la réalité, ce qui risque de le faire même douter de ses perceptions.

Il sent et sait que quelque chose cloche, comme un monstre qu'on dissimulerait, un secret, un tabou à cacher, dont il connaît pourtant parfaitement l'existence (car il côtoie « cette chose » au quotidien), mais dont il ignore le nom et le visage.

Ce secret, cette chose mystérieuse, en n'étant partagé que par les grands, souvent papa et maman, exclut littéralement l'enfant du cercle de confiance, du cercle familial, et lui laisse croire qu'il ne mérite pas de savoir.

L'enfant désorienté vit des moments douloureux et effrayants. L'attitude parentale, en le maintenant dans le secret, lui fait perdre foi en ses propres perceptions ou ressentis : « Est-ce normal ? Est-ce moi qui ai un problème, ai-je fait quelque chose ? » Après la désorientation viendra la tentative de se rassurer, de se réorienter, de retrouver des repères en cherchant une explication.

Il est important de savoir que les plus petits idéalisent les parents, qu'ils voient tout-puissants et indispensables à leur « survie » et pour les aider à faire face au monde extérieur. Ils sont dans un état de dépendance essentielle et d'immaturité. Pour surmonter cette situation de dépendance, l'enfant va croire longtemps que le monde tourne autour de lui, se berçant de l'illusion qu'il a créé le monde ; ainsi, si quelque chose de négatif arrive, il pense qu'il en est probablement responsable, comme s'il était lui-même tout-puissant. Alors, si papa ou maman est malade ou s'il y a quelque chose qui cloche, l'enfant peut conclure que c'est lui qui a tout provoqué.

« Si maman est triste et pleure tout le temps, c'est que je suis méchant et que je ne l'écoute pas assez. »

« Si papa crie tout le temps et est fâché, c'est parce que :

- je ne rapporte pas d'assez bonnes notes à la maison ;
- je fais trop de bêtises avec ma sœur ;
- j'ai oublié ma boîte à lunch la semaine dernière ;
- il ne m'aime plus, il préfère mon frère ;
- il est déçu de m'avoir comme fille, il a dit qu'il allait foutre le camp ;
- il n'aime pas mon dessin, je dessine trop mal. »

On pourrait transcrire des pages de ces propos issus de l'imagination féconde, certes, mais désespérée de l'enfant qui, devant le silence, l'absence et le secret, bref, le vide, préfère remplir ce dernier de « tout et n'importe quoi » plutôt que de rien, trop inquiétant, trop menaçant. Ainsi, ce que l'enfant imagine est toujours pire que la réalité.

L'enfant va donc instinctivement essayer de comprendre, de formuler des hypothèses, de tirer des conclusions en se servant de ses outils, selon son âge: l'imagination, ce qu'il voit à la télé, dans les livres, ou ce qu'il entend à l'école. Il va chercher des réponses ailleurs, risquant ainsi de faire fausse route. On ne peut que frémir en imaginant nos enfants écouter leurs amis parler du père d'Untel, « ce fou », ou d'une mère « toquée », et constater que le comportement de ces parents décrits comme « dingues » est le même que celui de leur parent… Laisser l'enfant tirer ses conclusions, c'est le laisser plonger dans un monde de mots violents, de peur et d'incompréhension.

ÉVIDENCE 2 :

Puisque votre enfant sait que quelque chose ne va pas, et puisque vous le laissez à l'écart de cette « chose », il va tirer ses conclusions lui-même.

RÉFLEXION 3 :

« En entendre parler va le stresser, l'inquiéter et risquer de le bouleverser, je veux le protéger. »

Il est naturel de vouloir protéger son enfant et cela fait partie du rôle du parent.

De toute évidence, les adultes voudront, logiquement, épargner toute souffrance à l'enfant. Ce réflexe est humain, il part d'un bon sentiment. Nous tentons tous de tenir notre enfant à l'écart du malheur en général, de la maladie, de la finitude et de la mort. Ces notions nous paraissent terrifiantes et insoutenables, car elles nous renvoient à notre fin, et nous ne pensons pas notre enfant capable de supporter cela.

Pourtant, que se passe-t-il quand un enfant vient, par exemple, à l'hôpital visiter son parent ? Contrairement à l'adulte, l'enfant ne voit pas le malade. Non, il vient voir son père ou sa mère. Nous, les adultes, sommes envahis par notre angoisse, alors que très souvent l'enfant va avoir des paroles très rassurantes : « Ça va aller, maman. » « Est-ce que tu as bobo ? » « Je peux goûter ton plateau-repas ? » Comme s'il était, pensez-vous, déconnecté de la réalité… Toutefois, il est aussi dans la réalité, dans la sienne, et dans l'instant présent ; et non pas dans l'angoisse de l'après ou de la fin.

Nous projetons sur l'enfant nos propres peurs et inconforts, convaincus qu'il ressent la même chose ; et, comme pour nous épargner cette émotion, nous pensons bien faire en voulant la lui épargner aussi. Mais « l'anxiété que nous cause la prévision du mal est plus insupportable que le mal lui-même », disait Daniel Defoe.

L'enfant est donc beaucoup plus fort que vous ne le pensez face à cette idée de la maladie ou des soins en général. Vouloir le protéger est louable, mais inopérant.

Plutôt que de le protéger, laisser l'enfant à l'écart de ce « secret » va petit à petit l'isoler : l'isoler de vous, des autres (sentiment d'être différent des amis qui ne vivent pas la même chose), de lui-même (est-ce que ce que je ressens est normal, suis-je moi-même bizarre ?).

Parler de ce qui arrive va percer le secret, évidemment, malgré toutes les difficultés et le malaise que vous pourrez ressentir, mais va également permettre à l'enfant de reprendre la place dont il avait été exclu par ce secret. Que vous lui parliez va lui montrer qu'il est digne de confiance, qu'il compte et que vous vous préoccupez de lui. Il ne pourra pas être plus inquiet qu'il ne l'est déjà alors que vous le maintenez dans un « le ciel est bleu » quand il sait que la météo est quotidiennement instable ou changeante.

On inculque à notre enfant les valeurs d'authenticité, de sincérité et d'honnêteté. On lui demande de raconter sa journée de classe, de « surtout toujours nous dire » si quelque chose ne va pas à l'école, avec les amis… Il est temps de prendre notre courage à deux mains et de lui montrer l'exemple.

Lui expliquer la vérité, aussi difficile soit-elle pour vous, comme pour lui, c'est l'aider à mettre des mots sur une souffrance. Cela viendra aussi confirmer ce qu'il perçoit, sent et ressent intérieurement, et lui permettra de grandir.

La réalité, dans le cas de certains diagnostics, peut (tout comme l'annonce d'une maladie somatique au pronostic sombre) être très difficile.

Cette réalité est la vôtre, la sienne, et vous lui devez cette explication, justement pour le protéger de ce qui pourrait survenir s'il reste dans le flou : confusion, inquiétude, anxiété, effondrement dépressif, troubles du comportement tant à la maison qu'à l'école, isolement.

ÉVIDENCE 3 :

Le silence est synonyme d'isolement, de mise à l'écart, de solitude (la vôtre et celle de vos proches) et non de protection.

« La solitude ne vient pas de l'absence de personnes autour de nous mais de notre incapacité à communiquer les choses qui nous semblent importantes », écrivait Carl Gustav Jung.

RÉFLEXION 4 :

« Tous les parents mentent à leurs enfants, alors... »

Oui, tous les parents mentent de temps à autre aux enfants : ils font de petits mensonges par omission, ou bien encore racontent quelques mythes comme le père Noël ou la fée des dents (ou la souris sur d'autres continents).

Beaucoup pensent que cette attitude est valable pour certaines questions parfois plus théoriques, philosophiques, qu'ils estiment leur enfant trop jeune pour comprendre dans le détail. La sexualité, par exemple, est une question souvent embarrassante et les parents mentent par omission en retenant certaines informations trop concrètes (rien n'oblige en revanche à tomber dans les contre-vérités fantasques de la cigogne ou des bébés qui naissent dans les choux). On est en droit de demander à un enfant d'attendre un peu parce que c'est trop difficile d'expliquer un certain nombre de choses et qu'on ne peut pas tout savoir tout de suite, de lui dire qu'il comprendra mieux quand il sera plus grand.

La vérité sur votre état, en revanche, et sur ce qui arrive dans la famille, ne peut pas donner lieu à une « petite omission ». Ce que vous vivez, votre quotidien, en lien avec la maladie, n'a rien à voir avec « plus tard » ou « quand il sera grand ». C'est la réalité de votre famille et de vos enfants, dans l'ici et maintenant.

D'après le chercheur Kang Lee (2), un mensonge, même à un enfant en bas âge, pourrait avoir des conséquences à long terme. La maladie peut-elle faire l'objet de mensonge ? Le psychologue Marc Pistorio (3) prétend que la vérité, surtout quand elle est demandée par l'enfant lui-même, est un dû.

« Il faut que le parent soit une référence fiable. Si l'enfant pose une question, il doit nous faire confiance. Parfois on va dire quelque chose d'agréable, parfois on va dire quelque chose de désagréable. La vie, c'est comme ça. »

Bien sûr, la manière de transmettre la vérité sera différente en fonction de l'âge de votre enfant, tout comme votre façon de vous adresser à lui l'est spontanément (vous n'employez pas le même ton de voix, les mêmes mimiques ni les mêmes mots que si vous vous adressiez à un adulte).

Que vous soyez honnête avec votre enfant participe à la construction de son estime de soi. Comment ? L'estime de soi est la certitude intérieure de sa propre valeur, la conscience d'être un individu unique et singulier, avec ses forces et ses limites. Elle est liée à la perception qu'on a de soi-même dans les différents domaines de la vie. L'enfant forge son image de lui-même en observant et en écoutant ses parents. Au départ, son système de valeurs et de croyances est calqué sur ce que le parent lui apporte de ses valeurs, de ses croyances. Il dépend également de ce que le parent lui renvoie, tant sur le plan comportemental qu'affectif.

Ainsi, lorsque tôt ou tard il découvre que le parent lui a menti au sujet de son état, l'enfant peut perdre sa confiance en l'adulte, confiance avec laquelle il a besoin de se construire. Il désidéalise brutalement celui qu'il idéalisait pourtant de toutes ses forces, idéalisation en lien, nous l'avons vu tout à l'heure, avec son sentiment de grande dépendance affective et son besoin de sécurité.

Ce n'est pas la vérité en soi qui va être « traumatisante » ou horrible. Tout dépend de ce que l'enfant va en faire, de comment il va la comprendre, avec votre aide, de ce qu'il va en retirer et finalement en apprendre.

Et à l'apprentissage essentiel pour votre enfant va également s'ajouter un apprentissage pour vous ! Assumer votre réalité, être vrai, ne pas vous dissimuler, vous cacher ; vous regarder et oser être. En un mot : être authentique. Marc Pistorio parle même de conquête de soi par la vérité ! Si mentir ou travestir la vérité pourra vous soulager à court terme, cela se transformera en une véritable cage dans laquelle vous vous sentirez de plus en plus à l'étroit. Et seul.

L'adage populaire dit que mentir, c'est aussi se mentir. Et risquer de rompre la communication avec son entourage, comme avec soi-même. « La réalité, quelle qu'elle soit, est bien plus belle que l'illusion », disait Sacha Guitry.

Alors, à quel sujet vous mentez-vous à vous-même ? Probablement au sujet de toute la colère en lien avec la maladie, du déni (« ce n'est rien, c'est passager, je vais m'en sortir seul »), du deuil de celui que vous étiez... Plutôt que d'opter pour le mensonge, il va falloir oser vous poser la question du « pourquoi mentir ? ». Et explorer votre résistance.

Qu'avez-vous à craindre de dire la vérité à votre enfant ?

Qu'est-ce qui me semble difficile à aborder, pourquoi ne puis-je en parler, sur quoi est-ce que j'accroche, qu'est-ce que j'essaie d'éviter ? Peur de ne plus correspondre à ce que l'autre attend de moi (l'autre comme conjoint, enfant) ? De ne plus être « parfait ou idéal » à ses yeux ? Peur de le blesser ? De l'inquiéter ? De perdre son amour ? Besoin de le protéger ?

Il est indispensable de poser sur la table toutes ces raisons qui nous éloignent de la vérité. Après avoir répondu à ces questions, parfois en parlant avec votre conjoint ou un professionnel, vous serez déjà sur le chemin de votre réalité et de la vérité, et laisserez sur le bord de la route le mensonge qui pourrait changer définitivement la trajectoire de votre histoire familiale.

Rappelez-vous que, pour chaque bonne raison que vous avez de mentir, il en existe une meilleure de dire la vérité. Et, quand il vous demande la vérité, votre enfant ne vous demande pas ce que vous croyez qu'il veut entendre, mais ce qui se passe réellement ! Aussi désagréable ou douloureuse sera-t-elle à entendre, aussi utile sera-t-elle pour vous, votre famille, votre enfant et son développement à venir.

Alors, allez-vous « laisser entrer la lumière ou garder les volets fermés » ? comme le disait si bien Henry Miller

Cas clinique

J'ai été appelée, en début de carrière, en consultation de liaison à l'urgence pédiatrique pour Loïc, neuf ans, qui multipliait les passages à l'hôpital pour des crises d'asthme aiguës, de plus en plus intenses. La crise du jour avait entraîné une détresse respiratoire persistante et avait obligé le pédiatre à le garder en observation pour la nuit. Le médecin se questionnait sur l'instabilité de cet enfant et était intrigué par l'état d'épuisement du père, qui accompagnait systématiquement son fils, sans que la mère se soit jamais présentée.

À mon arrivée dans la chambre, le père a manifesté son incompréhension devant une consultation pédopsychiatrique pour une crise d'asthme. Il n'avait pas de temps à perdre, d'autant plus qu'il avait deux autres enfants à la maison qui l'attendaient pour le souper, mais on comptait sur mon « avis » pour le laisser sortir.

Reçu seul, le jeune garçon m'a expliqué rapidement que sa maman était partie se reposer chez ses grands-parents et que cela arrivait régulièrement dans l'année.

Papa faisait de son mieux, mais il n'était pas très disponible et il avait l'air de se faire du souci, alors Loïc essayait de se faire tout petit. Mais, chaque fois, c'était pareil : Loïc rentrait un jour de l'école et maman avait disparu. Papa expliquait à ses enfants qu'elle était partie en vacances chez papi et mamie et qu'on ne pouvait pas aller la voir, car c'était trop loin et il y avait l'école. Loïc, qui était le plus grand des trois, trouvait cela très louche. Surtout que, quand ils appelaient maman, papa composait le numéro en cachette et semblait demander à quelqu'un de parler à maman. Mais le garçon ne posait pas de questions.

Comme cela se reproduisait, à chaque départ brutal, Loïc se sentait très stressé. Il savait que papa ne s'organisait pas comme maman ; il lui allait falloir se lever plus tôt, faire son lunch. Dans ces cas-là, il rentrait aussi plus tard, car il devait rester au service de garde avec ses frères. Papa, le soir, n'avait pas le temps de regarder les devoirs et ouvrait une boîte vite fait pour le repas. Loïc avait même l'impression que papa les évitait, tous les trois. Toute cette situation le stressait beaucoup. Il se sentait pressé, sa routine était perturbée et, chaque fois, c'était comme si tout à coup son cœur battait plus vite, il n'arrivait plus à respirer et faisait une crise d'asthme, plus intense que la dernière, nécessitant un passage aux urgences. À l'hôpital… Où sa maman, vous vous en doutez, était précisément hospitalisée.

Bien sûr, Loïc était loin d'imaginer ce qui se jouait.

Le père, reçu individuellement, a fini par s'effondrer sous le coup de l'épuisement, de l'impuissance face au mensonge dans lequel il s'était enfermé.

Là encore, il a fallu accompagner le père dans l'acceptation de la situation et dans la nécessité d'en parler à ses enfants, lors d'un moment calme et préparé. Qu'on l'aide à sortir du mensonge a permis au père de reprendre confiance en ses ressources et son potentiel.

ÉVIDENCE 4 :

Sortir du mensonge et de la dissimulation, oser l'authenticité fera de vous une référence fiable : vous grandirez et sortirez de la « conspiration du silence », selon Landry-Dattée, Delaigue-Cosset (4).

RÉFLEXION 5 :

« Si je parle de maladie, de docteur ou de médicament, cela va prendre une tournure dramatique. »

Ce n'est pas le mot en soi qui stigmatise, qui inquiète ou terrorise, ce sont les projections qu'on fait dessus, les images qu'on y attache lorsqu'on est dans la confusion, l'incompréhension.

Le drame, c'est le secret, la honte de vous-même et la souffrance dans laquelle vous vous terrez. Le drame n'est pas le mot « maladie » ou « médicament », c'est tout ce dont vous allez l'enrober, avec des images douloureuses ou effrayantes.

Ce ne sont pas les mots en soi qui vont être dramatiques. Au contraire, ils seront libérateurs, pour vous et pour tous.

En poussant la porte du secret, en vous en libérant, vous sortez justement du drame. Par les mots.

Ce qui sera décisif, c'est ce que l'enfant va comprendre de ces mots, ce qu'il en fera.

Si le mot est associé à vos ressentis de honte, de culpabilité ou d'impuissance, il y a fort à parier que l'enfant y associera un sentiment négatif ou de menace, d'insécurité et de danger.

Le mot, s'il est assumé, est un vecteur d'information précieuse et pas quelque chose qui vous définit. Car la maladie ne vous définit pas ; elle est ce dont vous souffrez, mais elle n'est pas votre identité, elle n'est pas vous.

Parler de maladie, de docteur et de médicament permet de faire comprendre à l'enfant que ce qui arrive est quelque chose de connu, de compris, par vous, par les médecins. Cela indique que vous n'êtes pas seuls et qu'il existe des solutions pour aller mieux.

Surtout, cela signifie que vous savez ce qui se passe, que vous vous prenez en charge et que vous essayez de trouver des solutions. Nommer la maladie, le soin et les solutions revient à employer le mot « espoir ».

La question du médicament est importante si l'enfant est en âge de comprendre ; tout comme vous lui expliquez qu'il doit absolument prendre son sirop (qui a certes très mauvais goût, mais permet de guérir plus vite ou d'être soulagé), lui montrer que papa ou maman prend aussi ses médicaments quand il ou elle ne va pas bien est très éducatif et donne l'exemple, tout en rassurant l'enfant sur le fait que vous vous soignez.

Prononcer le mot « maladie » permet aussi de faire un parallèle intéressant avec l'enfant :

« Quand tu as été malade, et que tu étais très grognon car tu avais très mal, est-ce que tu as arrêté d'aimer papa et maman ? »

« Quand tu es allé à l'hôpital quand tu étais malade, est-ce que tu étais fâché contre nous et est-ce que tu ne voulais plus vivre avec nous ? »

« Eh bien, c'est pareil pour maman. Sa maladie fait qu'elle est triste et grincheuse parfois, mais elle t'aime toujours et veut revenir vite à la maison. »

Parler de maladie permet aussi de faire le lien avec des troubles plus connus de l'enfant : le diabète du cousin Tom qui l'oblige à recevoir des piqûres, le cœur de papi qui l'oblige à prendre des pilules et à ne pas manger de sel... Il faut bien sûr des mots adaptés à son âge, puis complexifier les explications et les enrichir de détails au fur et à mesure qu'il grandit. Plus l'enfant vieillit, plus il peut comprendre, entendre et accepter certaines choses.

Les mots « folie », « fou », « folle » reviennent régulièrement dans les questionnements, car souvent véhiculés dans les médias, les cours de récréation. Ces termes, si l'enfant pose la question, sont à replacer dans un contexte que j'aime expliquer de la sorte : « Nous sommes tous le fou de quelqu'un. » Rappelez-lui simplement que ces mots peuvent blesser les gens qui sont atteints de maladie mentale et que cela n'est pas approprié.

Pour finir, nommer, comme l'écrivait Jean-Paul Sartre, c'est faire exister : ainsi, nommer la maladie, c'est enfin donner un nom et un visage au monstre imaginaire qui bouleverse la famille en rendant triste maman, ou en colère papa. C'est valider les perceptions de votre enfant. Oui, il se passe quelque chose et cela s'appelle une dépression ou de l'anxiété.

ÉVIDENCE 5 :

Nommer la maladie, l'ennemi, c'est se permettre de décider des stratégies d'équipe, de famille, pour lutter !

« Connais ton ennemi et connais-toi toi-même ; eussiez-vous cent guerres à soutenir, cent fois vous serez victorieux », préconisait Sun Tzu.

RÉFLEXION 6 :

« Nous ne lui parlerons qu'en cas de grosse crise, si je dois être hospitalisée, par exemple. »

Dans un moment de crise, l'enfant réagit avec stupéfaction ou d'intenses émotions mêlées d'angoisse. Il est envahi à la fois par l'incompréhension, la peur, la colère, la tristesse…

Il faut donc proscrire les déclarations à l'emporte-pièce sur l'état du parent, sur la maladie. Dans ces moments de crise, l'enfant ne peut pas les intégrer. On le verra plus loin : en vivant des émotions intenses, l'enfant voit son cerveau émotionnel saturé, et son cerveau plus rationnel, lui, est comme éteint, incapable de raisonner (pas de panique, je vous expliquerai cela plus précisément tout à l'heure !).

L'enfant reste avec des mots nus, violents, non digérés, qui vont demeurer martelés et gravés. Les mots « maladie », « hospitalisation », « psychiatrie », vomis dans un contexte de crise, vont générer peur et angoisse : peur de la mort, peur d'être malade à son tour, honte, colère face à la situation incontrôlable, imprévisible… Dans ces moments, il ne sert à rien de vouloir expliquer, raisonner, philosopher.

Il faut dans l'idéal pouvoir rassurer l'enfant en se branchant à ses émotions et en le faisant verbaliser ce qui vient de se passer, comme si vous faisiez un débriefing, par exemple, lors de traumatisme. Le docteur Daniel Siegel (5) explique bien comment, dans ces situations de crise ou traumatiques, il faut que l'adulte se connecte au cerveau émotionnel de son enfant avec son propre cerveau émotionnel (référez-vous pour cela à la troisième partie du livre, à propos des contes).

Bien sûr, souvent, le parent malade, à l'instant critique, ne sera pas celui qui pourra tenir ce rôle. Il est donc important de discuter avant de qui, dans ces moments, tiendra le rôle de l'adulte rassurant et relais.

Hippocrate affirmait que « l'instant propice pour dire les choses est fugitif ». Je ne peux qu'être d'accord avec cet illustre médecin, mais il faut penser que cet instant, aussi fugace soit-il, se représentera à de nombreuses reprises et qu'il ne faut pas se précipiter dans cette explication. Il ne s'agit pas de tout « balancer » d'un coup, et pas n'importe quand.

Le bon moment est à choisir, à préparer, et aucune situation d'urgence ne peut remplacer ce bon moment.

Cas clinique

Louis a dix ans lorsque je le rencontre. Il est amené par sa mère à l'urgence alors qu'il vient d'être retrouvé après une fugue ; il a quitté la maison brutalement quelques heures plus tôt dans le contexte suivant.

Son père, atteint de maladie bipolaire, présentait depuis une semaine et demie un accès d'excitation et d'euphorie, de troubles du sommeil, annonciateur d'un épisode maniaque possible.

Les parents avaient « choisi » de ne pas parler de la maladie paternelle, préférant dissimuler la question, puisque les périodes dépressives étaient présentées comme de grosses fatigues et que le premier épisode d'hypomanie (qui est une phase prolongée et anormale d'euphorie dans la maladie bipolaire) était passé inaperçu tant papa était joyeux, rigolo et heureux.

L'état du père n'avait effectivement jamais entraîné une hospitalisation auparavant. Mais, cette fois-ci, l'état d'excitation était demeuré tel que, associé à des idées de grandeur, un délire et des dépenses inconsidérées, il avait nécessité en urgence une hospitalisation.

Prise de court, la mère a brutalement annoncé à son fils que son père était à l'hôpital pour se faire soigner, qu'il était atteint d'une « maladie du cerveau qui nécessite qu'il soit enfermé pour un certain temps ». Elle a ajouté dans le même flot qu'il fallait être courageux et que tout irait bien.

La mère a été surprise par l'absence de réaction de Louis, qui est allé jouer dans sa chambre, sans bruit.

Au moment de passer à table, Louis avait disparu. Retrouvé non loin de la maison, deux heures après, il était mutique à l'arrivée des policiers et refusait toujours de dire le moindre mot à l'urgence.

À mon arrivée, Louis est tourné vers la fenêtre, recroquevillé sur sa chaise, la tête entre les genoux. Il est clairement opposant et refuse de répondre à quelques questions banales que je lui adresse. C'est ce jour-là que je crée Amandine, princesse de Bipole. Je lui raconte l'histoire de cette princesse qui vivait dans un royaume dont la météo dépendait des humeurs de son papa, et surtout comment tout cela lui avait été caché. Je lui explique de quelle façon elle avait découvert le secret de son papa seule et comment elle avait été très en colère d'avoir été mise en dehors du secret (la version que vous lirez dans ce livre est une autre version, écrite quelques mois plus tard).

Louis ne bouge pas pendant le récit. Il ne se retourne pas, mais je peux apercevoir ses petits poings qui se desserrent. Au bout de quelques minutes, il me demande : « Il va arriver quoi, maintenant ? »

La mère a eu besoin d'un soutien pour sortir de la culpabilité dans laquelle elle s'enfermait, culpabilité de lui avoir « tout balancé d'un coup, brutalement » et surtout de ne pas avoir saisi chaque épisode passé comme une occasion de parler à son fils. Il a fallu aussi lui expliquer la réaction initiale de celui-ci.

« Se figer » est une réaction normale de la part du cerveau émotionnel qui, face à l'attaque violente de l'annonce, a choisi le mode « paralysie », expliquant le mutisme initial et l'apparent manque de réaction. Ensuite, la fuite (autre réponse classique à une anxiété massive) a été son autre mode de réaction.

Nous avons travaillé avec la mère et l'enseignante, figure de rassurance significative pour Louis, afin de lui offrir un espace de parole quand il le souhaitait. Là encore, il a été clairement démontré dans les entretiens ultérieurs que Louis sentait depuis longtemps que quelque chose n'allait pas, que son père n'était plus comme avant, que ses parents étaient plus distants. Il a pu enfin dire comment la révélation de sa mère avait entraîné chez lui un sentiment de trahison immense. Il a même admis s'être juré, durant les quelques heures de sa fugue, que jamais plus il ne ferait confiance à quiconque.

ÉVIDENCE 6 :

Il est primordial de proscrire les explications à l'emporte-pièce dans un contexte d'urgence ou de crise.

RÉFLEXION 7 :

« Il va me voir comme un fou, il ne me regardera plus jamais de la même façon, il aura peur de moi, je ne serai plus son parent idéal. »

« Et ceux qui dansaient furent considérés comme fous par ceux qui ne pouvaient entendre la musique », écrivait Friedrich Nietzsche.

Qui juge ? Qui critique et perçoit l'autre régulièrement dans ses faiblesses, ses échecs, ses douleurs et sa différence ? L'adulte ! Et parce que, en grandissant, nous perdons notre capacité à voir le monde et l'autre dans leur immensité et leur beauté, nous oublions que l'enfant, lui, là où il porte son regard, voit encore tout cela.

« L'enfant est sans préjugés, qualité première d'un grand philosophe. Il perçoit le monde tel qu'il est sans idées *a priori* qui faussent notre monde d'adulte », prétendait Jostein Gaarder.

Je me suis posé cette question, de nombreuses fois, en discutant avec des amis, de la famille, des collègues : puis-je parler librement de ma maladie sans être jugée ? Sans que l'autre en face de moi me voie différente, faible, insuffisante ou incapable ?

Dire sa vérité, sa réalité, son expérience et ses douleurs, au risque d'être stigmatisé et montré du doigt. Le jeu en vaut-il la chandelle ?

Refuser de se dévoiler, dans un monde toujours plus dominé par l'ego (l'escroc qui nous fait emprunter des masques), pour ne pas risquer d'être découvert. Mais découvert comme quoi, finalement ? Fou ?

Qu'est-ce qu'un fou ? De quel point de vue parle-t-on ? En reprenant Camus, qui disait que nous sommes tous l'étranger de quelqu'un, je dis que nous sommes aussi tous le fou de quelqu'un. Alors, cessons d'avoir peur de ce mot qui ne signifie rien, sinon l'ignorance et la peur de l'autre.

Je me suis demandé, en écrivant mon introduction, ce qui arriverait quand je me serais dévoilée ainsi, vieille angoisse que je croyais disparue. Et puis, j'ai relu ces quelques lignes de Thierry Janssen dans *Confidences d'un homme en quête de cohérence* :

« Je crois que j'ai peur. Ne me suis-je pas trop dévoilé dans ces *Confidences* ? Ne se trouvera-t-il pas quelqu'un pour critiquer ma démarche, juger négativement ce que j'ai raconté, utiliser contre moi ce qui pourrait être considéré comme des failles de ma personnalité ? J'inspire profondément, je m'ancre dans mon ventre, je pose mes deux pieds sur le sol et j'expire lentement. Je m'apaise. J'ai fait taire la voix apeurée de mon ego. Tout est bien. »

Nous sommes sans contredit tous en quête de cohérence et, pour cela, il ne nous faut plus être définis par cet ego mesquin qui nous oblige à nous cacher. Il faut être et dire ce qu'on est vraiment, ce qu'on vit.

Lorsque vous parlerez de votre réalité avec lui, votre enfant va avant tout retenir votre authenticité, votre courage et votre ouverture vis-à-vis de votre situation. Il va se sentir important, comme grandi par la confidence et les explications que vous allez lui apporter sur cette « chose » qui fait souffrir régulièrement toute la famille.

L'enfant, quelle que soit la réalité de son parent malade, idéalise celui-ci, dans un processus psychologique normal. L'enfant vous perçoit comme parfait, invincible, peu importe vos failles, vos faiblesses, ce que vous tâchez (si mal) de dissimuler. Votre enfant vous lit et vous connaît, et vous aime tel que vous êtes : dans toutes vos imperfections et dans toutes vos faillites intérieures.

Concernant la crainte d'une perte de l'idéalisation de l'enfant de son parent, du « piédestal » sur lequel chaque enfant nous place, laissez-moi vous expliquer ceci : chaque enfant, pour grandir, doit, à un moment ou à un autre, désidéaliser son parent pour s'autonomiser, se différencier de lui. Rappelons aussi que, dans l'autre sens, après une idéalisation de l'enfant à venir lors de la grossesse (ou lors des démarches d'adoption), le couple a à faire, lui aussi, le deuil de l'enfant idéal, imaginé, pour accueillir et élever l'enfant réel ! C'est le processus universel de tout parent : confronter l'enfant idéalisé à l'enfant réel. Tout comme le rôle de parent tel qu'on l'a imaginé est souvent à des années-lumière de la réalité de celui-ci, une fois les enfants nés ! Quelle déconvenue, souvent, lorsqu'on compare le parent que nous aurions voulu être à celui que nous sommes ! Il en va donc de même pour l'enfant, qui va devoir, lui aussi, faire le deuil du parent rêvé, accepter d'avoir un parent ou une famille différente. Mais quelle richesse ! Il apprendra à l'accepter et à composer avec cela, à s'y adapter même, s'il est bien soutenu et outillé, et surtout, j'insiste, s'il sait ce qui arrive.

Comme je l'ai écrit plus haut, votre authenticité, votre vérité, votre réalité et celle de la famille feront toute la différence.

Vous êtes un parent : son parent, son papa ou sa maman. Rien de plus. Rien de moins.

Le reste n'est qu'identification et projection d'adulte en lien avec votre anxiété et vos craintes.

ÉVIDENCE 7 :

Vous êtes et resterez toujours son parent. Le parent idéal, comme l'enfant idéal, n'existe pas ! Vous êtes la même personne que vous étiez avant que votre enfant sache que vous avez une maladie mentale.

RÉFLEXION 8 :

« Et s'il me demande si je vais mourir alors que parfois j'ai des idées noires ? »

Il est évident que la question du suicide ou des idées suicidaires est un sujet délicat et les tout-petits n'aborderont pas la question comme telle.

Lorsque l'enfant parle d'un risque vital, il demande si la maladie dont vous lui parlez peut vous faire mourir, comme un cancer, par exemple.

Dans ces cas-là, il ne s'agit pas de répondre que vous voulez mourir ou que vous y pensez à l'occasion. L'enfant a besoin de savoir que vous êtes aidé, pris en charge, et que vous faites le maximum pour aller mieux.

La question de la tentative de suicide peut vous être posée par des enfants préadolescents ou adolescents et il est important, dans ce cas, d'y répondre en expliquant que ces idées suicidaires font partie intégrante de la maladie, que c'est un symptôme.

Si vous avez effectivement déjà tenté de mettre fin à vos jours, il faut également préciser que, lorsque vous avez posé un tel geste, vous ne vouliez pas vous débarrasser de lui ni l'abandonner, mais que la souffrance de la maladie à ce moment-là était trop intense.

ÉVIDENCE 8 :

Les idées suicidaires peuvent être un symptôme de la maladie. C'est de cette façon qu'on peut les évoquer avec les plus grands.

RÉFLEXION 9 :

« Et si je craque en lui parlant et qu'il me voit pleurer ? »

Il faut parler, oui, mais y être préparé, soutenu également, par votre conjoint ou conjointe par exemple, si l'émotion vous submerge.

Le flot d'émotions qui pourrait survenir est normal et atteste juste que vous êtes vivant ! Et que vous n'êtes pas un superhéros ! Vous êtes faillible, authentique et tellement humain : c'est rassurant pour votre enfant de comprendre qu'exprimer ses émotions est important, que pleurer fait du bien parfois et qu'il faut que les choses sortent et se disent. Il n'y a aucune honte à se sentir triste, à exprimer ses émotions. Au contraire ! C'est un formidable message que vous transmettez à votre enfant et il ne peut qu'être touché et réconforté par votre authenticité et votre ressenti.

Il sera même fier que vous lui fassiez confiance au point de lui expliquer tout cela, malgré l'émotion.

Et lisez plutôt ce qui suit concernant l'expression émotionnelle avec les enfants.

Selon la docteure Celia Brownell (6), parler des émotions à un tout-petit renforce sa sociabilité naturelle. Toutes les recherches actuelles confirment que l'enfant a besoin, pour se développer (y compris pour le développement optimal de son cerveau), d'une relation empathique, aimante, empreinte de soutien. L'empathie est la capacité à ressentir, comprendre et partager les émotions d'un autre, avec bienveillance. Cette empathie va croître harmonieusement et de façon idéale lorsque l'enfant va baigner dans un environnement capable d'exprimer ses émotions. Alors, que vous exprimiez une émotion authentique lorsque vous parlerez à votre enfant de vos combats ne pourra pas lui nuire, ni à votre relation avec lui, bien au contraire !

Il est important que notre enfant comprenne dès son plus jeune âge que les émotions ne sont pas un danger, comme c'est trop souvent véhiculé : « Un garçon, ça ne pleure pas ; tu piques une colère, ce n'est pas beau. » Les émotions sont des signaux visant à donner des indications sur nos besoins, nos souhaits, nos inconforts.

Donc, contrairement au message qui a longtemps été transmis, les émotions ne sont pas à réprimer ! Elles doivent être accueillies, acceptées afin qu'on puisse adopter ensuite le comportement le plus approprié. Nommer ce que nous ressentons aide à calmer le centre de la peur dans le cerveau.

Lorsque vous êtes connecté à votre émotion en parlant, vous êtes à même de vous connecter à votre enfant.

« Sans émotions, il est impossible de transformer les ténèbres en lumière et l'apathie en mouvement », affirmait Carl Gustav Jung.

ÉVIDENCE 9 :

Exprimer une émotion vous rend tout simplement humain et donne l'exemple à votre enfant.

RÉFLEXION 10 :

« Pourquoi prendre les devants ? Je préfère attendre le jour où il m'en parlera tout seul. Il me posera des questions, s'il est inquiet. »

Il est vraiment important d'avoir cette conversation dans un moment propice, apaisé, préparé et hors d'un contexte d'urgence ; cela permettra justement, si la situation devenait plus critique, de moins sidérer l'enfant. Il faut essayer d'anticiper la conversation. En effet, l'enfant, du fait de l'impression de secret, se sentant exclu, osera rarement venir tâter le terrain, craignant que « la chose » ou « le secret » ne vienne le menacer.

Parler à votre enfant et anticiper va vous permettre de crever l'abcès, de le rassurer.

On peut amorcer la discussion en questionnant l'enfant sur ce qu'il a observé, ce qu'il a ressenti dans les semaines et les mois passés ; lui demander s'il a compris qu'il se passait quelque chose pour papa et maman et, si oui, quoi. Prenez le temps d'écouter votre enfant raconter ce qui tourbillonne dans sa tête, comment il le présente avec ses mots. Écoutez attentivement, avec tout votre cœur. Connectez-vous émotionnellement à votre enfant alors qu'il se confie à vous. Dans un deuxième temps, vous allez pouvoir valider ses impressions et rétablir certaines imprécisions, le rassurer.

Il n'est pas nécessaire en effet de tout aborder d'un coup. Cela peut faire l'objet de plusieurs petites conversations. L'essentiel est de commencer ; c'esr ce qui est le plus délicat et le plus angoissant pour le parent.

Le plus souvent, nous savons d'expérience que l'enfant sent qu'il se joue quelque chose de difficile, parfois grave, qui semble murer les adultes dans le silence. Cette impression de tabou inexprimable n'amène que très rarement les enfants à oser spontanément questionner leurs parents.

L'idéal est d'en parler dans un moment calme, intime et dans un climat de confiance et de partage. Il vaut mieux éviter le soir au coucher, car l'enfant n'aura pas le temps d'intégrer l'information, d'y réfléchir, et risque de développer des angoisses nocturnes.

Cas clinique

Je me souviens d'une maman qui a choisi d'expliquer sa dépression à son fils (c'est parfait), au calme (jusque-là, c'est impeccable), un soir avant le coucher... Elle lui a notamment dit que parfois, à cause de sa maladie, elle voulait disparaître comme une fée. J'ai reçu l'enfant, qui avait développé une anxiété de séparation massive avec un trouble du sommeil.

« Si je m'endors, m'expliquait-il, que peut-il arriver à maman ? Qui va l'empêcher de se transformer en fée, est-ce qu'elle sera toujours là demain ?»

La maman a instinctivement choisi de parler de façon imagée à son fils, ce qui est intéressant, nous le verrons un peu plus loin, mais le moment du coucher et la question des idées suicidaires n'étaient pas à propos...

ÉVIDENCE 10 :

Anticiper, c'est permettre de dire en toute sérénité. Mais choisir le bon moment est important.

RÉFLEXION 11 :

« Il vaut mieux que quelqu'un d'autre que moi le lui dise. »

Il ne faut surtout pas que l'enfant l'apprenne de façon inopinée, par un tiers, dans l'urgence, nous avons déjà abordé cette question. Idéalement, il faut que la personne touchée par la maladie trouve le moment judicieux pour expliquer à son enfant, avec des mots simples et exacts, ce qui se passe. Il faut l'expliquer, je le redis, en employant un parler juste, approprié à chaque âge.

Dans quelques situations où le parent est très désorganisé ou peu fonctionnel, il est évident que l'explication ne peut et ne doit pas être portée par lui. L'autre parent, ou un membre très proche de la famille avec lequel l'enfant a un lien significatif, pourra dans ce cas donner certaines explications. Dès que possible, le parent malade pourra préciser le propos et participer aux conversations sur le sujet.

Il est peu recommandé qu'un professionnel se substitue complètement aux parents pour expliquer la situation. Le professionnel ou le tiers peut être là, en soutien, mais vous, dans l'idéal, devriez être présent. En effet, vous vous retrouvez déjà dans une situation douloureuse, qui touche à la fois votre individualité, votre place dans le couple et votre fonction parentale (fatigue, manque de patience, nécessité de soins, hospitalisations). Laisser un tiers, même professionnel, évoquer tout cela avec votre enfant viendrait augmenter le sentiment d'incompétence ou d'impuissance que vous ressentez, que nous ressentons tous, dans ces situations, allié à cette culpabilité qui nous colle à la peau.

Évoquer cela avec votre conjoint, ou en présence d'un tiers qui vous soutient, permet de renforcer votre position parentale. Lorsque j'ai accompagné des parents dans cette démarche, le fait qu'ils le fassent eux-mêmes a été extrêmement puissant pour eux, et salvateur.

Cela permet de recréer des liens, ou de les solidifier, en rédigeant une partition neuve, en incluant cette fois votre enfant dans l'écriture de cette nouvelle partie de vie familiale. Chacun est porteur de la connaissance de la situation, en fonction de son niveau de compréhension tant intellectuel qu'affectif. Chacun fait désormais partie de l'orchestre, qui va pouvoir accorder ses instruments pour inventer une musique plus mélodieuse et harmonieuse.

Parler avec vos mots, votre façon particulière d'employer certaines expressions, intonations, silences, est capital. Cela va traduire votre émotion unique et fera que votre enfant entendra l'explication. Même si vous avez peut-être été aidé ou guidé par un professionnel, ce sera vous : vos mots et votre présence, son papa ou sa maman. Et personne d'autre. Se faire guider peut être aidant, mais les mots « difficiles » doivent être prononcés par vous. Vous pourrez expliquer ce qui changera dans l'organisation de votre famille, dans le positionnement de chacun d'entre vous. Quoiqu'il soit important, la première fois, de ne pas trop entrer dans les aspects logistiques. Cela viendra après la phase d'assimilation de votre enfant. Ne le submergez pas trop de précisions. L'enfant n'a pas besoin de tout savoir dans les détails.

Il n'a pas besoin d'un discours médical. Il a besoin d'un discours authentique, le vôtre.

C'est votre histoire, votre récit de vie, votre partition familiale.

Cas clinique

Alicia, treize ans, que je rencontre pour anxiété généralisée, me raconte que, alors qu'elle avait onze ans, elle a été convoquée à l'école par la travailleuse sociale, la psychologue scolaire ainsi que madame Isabelle, son enseignante.

Pendant tout le « petit » trajet pour arriver au bureau, elle ne cessait de se demander ce qu'elle avait fait, si cela était grave. Les scénarios catastrophe se bousculaient dans sa tête.

Lorsqu'elle a ouvert la porte du bureau, les mines fermées des trois intervenantes ont augmenté un peu plus son angoisse.

Madame Isabelle lui a posé la main sur le bras et a commencé à lui expliquer qu'elles se voyaient pour parler de sa maman. Que papa et maman étaient venus les rencontrer la semaine précédente pour parler de ce qui arrivait à sa maman, qu'ils avaient demandé leur aide pour en parler, car ils ne savaient pas comment le lui dire et préféraient que des professionnelles le fassent. Sa maman souffrait d'une maladie bipolaire. Alicia me décrit avec précision l'état de dissociation dans lequel cet épisode l'a plongée :

« C'est comme si je vivais la scène au cinéma, comme si je voyais les choses d'en haut, en dehors de mon corps. Tout était bizarre et je ne reconnaissais même pas leurs voix. Les mots qu'elles disaient, je ne comprenais rien, et je me sentais toute seule. Je ne voulais pas les écouter, rien entendre. J'étais comme dans un cauchemar et ç'a duré tellement longtemps. »

Alicia, ce jour-là, n'a pas saisi ce qui se passait pour sa mère, pourquoi ses parents n'étaient pas là pour en parler avec les intervenantes. Elle avait tant de questions à poser. Tout était tellement flou.

Quand elle est rentrée, le soir, elle n'a pas parlé. Et ses parents, convaincus qu'elle savait tout et qu'elle avait été bien entourée par les intervenantes scolaires, n'ont pas abordé le sujet non plus, certains qu'elle viendrait vers eux au besoin. Et chacun est resté emmuré dans le silence jusqu'à ce que le développement de l'anxiété généralisée de leur fille les amène à mon bureau et permette d'ouvrir de nouveau et enfin le dialogue, LEUR dialogue, avec leurs mots, leurs émotions, leur authenticité.

ÉVIDENCE 11 :

Il n'y a aucun modèle, aucun schéma idéal, pas une meilleure façon de dire qu'une autre, mais une chose est sûre : cela doit venir de vous, parents, et pas d'un tiers inconnu. Le lien est important.

RÉFLEXION 12 :

« Je ne saurais pas quels mots employer, j'ai peur qu'il ne comprenne pas. Moi-même, je ne comprends pas toujours tout ce qui arrive et pourquoi cela arrive. »

L'essentiel est de rassurer l'enfant. De valider ses perceptions si elles sont justes et de rétablir certaines suppositions erronées, qu'il a créées par manque d'information.

Voici quelques inquiétudes ou malaises souvent exprimés par les enfants et dont vous devrez tenir compte pour aborder votre maladie avec le vôtre.

Il faut d'abord lui rappeler que ce n'est pas sa faute ni celle de personne, et surtout pas de la personne malade. Et lui dire que la personne malade n'a rien fait pour mériter cela.

La question de la culpabilité est majeure, car l'enfant peut se sentir coupable d'être bien et même mieux que le parent malade et, dans ce cas, il peut s'empêcher d'être heureux. Dites-lui qu'il doit continuer de faire ses choses, ses activités, d'aller à l'école, de voir ses amis, de suivre sa routine. Il est primordial que les enfants restent des enfants avec leurs préoccupations, leurs petites et grandes joies, leurs réussites. Il est important de profiter au maximum des situations extérieures où l'enfant expérimente de belles réussites afin de maintenir sa confiance et son estime de soi. Faites-lui comprendre et savoir qu'il peut – et surtout qu'il doit – toujours s'amuser, rire, être insouciant et même faire des (petites) bêtises !

Indiquez-lui aussi qu'il n'est pas responsable de papa ou maman ni de sa guérison. Le parent est aidé par un docteur, une équipe qui prend soin de lui et trouve des solutions.

Précisez-lui qu'il est normal d'avoir de la peine, d'être inquiet, mais qu'il faut le dire. Les sentiments et les émotions sont légitimes, et il est essentiel d'en parler.

On peut même ressentir de la colère et éprouver de la honte face à la situation, mais on est surtout en colère contre la maladie, et pas la personne. C'est la maladie qui engendre tel ou tel comportement, mais maman et papa, au fond, restent toujours les mêmes dans leur cœur.

L'enfant peut exprimer la crainte de la contagion : il suffit de lui dire que ce n'est pas parce que papa ou maman est malade qu'il le sera aussi, que cette maladie n'est pas contagieuse (la question de l'hérédité est un autre sujet qui n'interviendra pas ici, en tout cas pas maintenant).

L'enfant doit aussi savoir qu'il peut en parler avec des grands, que ce n'est pas un secret à porter et à cacher aux autres. Proposez-lui de l'aider à en parler à ses amis s'il aborde la question. En effet, il est très lourd pour l'enfant de vivre avec un secret en pensant qu'il risque de trahir ses parents s'il l'évoque.

Toutes ces discussions vont permettre à l'enfant de mettre enfin un visage, un nom sur cette chose secrète et étrange qu'il ne comprenait pas. Cela favorisera également sa résilience, son ouverture sur la différence, sa compréhension de l'autre et son empathie. Ce moment de partage va vous offrir l'occasion d'exprimer vos émotions, de vous libérer, et permettre également à l'enfant de le faire.

Vous aurez peut-être l'impression qu'il n'a pas compris. En effet, souvent l'enfant, dans un premier temps, n'exprimera rien et retournera à sa routine, à son occupation ; cela est trop frais, trop prématuré pour lui et il a besoin de temps pour assimiler. Il faut vous être assuré que des adultes relais, significatifs, vont pouvoir être présents et à l'écoute au cas où l'enfant viendrait à en reparler (dans la famille, le réseau scolaire, parmi les soignants des parents. Dans « soignants des parents », j'entends notamment le psychiatre).

Sans trahir la confidentialité des entretiens, je pense qu'il est bon de proposer aux enfants de rencontrer le psychiatre avec le parent au moins une fois. Il me semble que cela va dans le sens d'une psychiatrie plus systémique, plus coopérative, et détruit les vieux clivages psychiatrie adulte-pédopsychiatrie.

ÉVIDENCE 12 :

« La vérité… avec des mots gentils », comme l'écrivent Nicole Landry-Dattée et Marie-France Delaigue-Cosset (4).

RÉFLEXION 13 :

« C'est vrai que, parfois, je compte beaucoup sur son aide, qu'il se débrouille un peu seul ; mais cela le fait grandir, mûrir, et cela fera de lui un adulte autonome et responsable plus vite. »

On observe souvent un dangereux phénomène de parentification de l'enfant, qui prend la place du parent, qui prend la responsabilité de certaines tâches, y compris l'éducation des plus jeunes, et assume l'autorité dans la maison.

Il joue littéralement le rôle du parent dans une position adultifiée intenable. L'enfant devient un « petit homme » ou une « petite femme » qui tâche de faire plaisir en permanence, de ne pas déranger, de ne pas faire de bruit, avec la pensée magique que, s'il fait plaisir, papa ou maman guérira plus vite.

Contrairement à ce que j'ai pu entendre, cela ne fait pas grandir ou mûrir l'enfant plus vite. L'enfant perd son enfance à grandir trop vite, perd son insouciance et sa naïveté, en étant plongé dans des responsabilités trop lourdes et en portant des habits trop grands ! À vouloir trop aider, sauver, réparer ou guérir le parent, il risque d'en oublier ses propres besoins. De plus, préoccupé par des inquiétudes qui ne sont pas celles des enfants de son âge, il risque de s'isoler de ses pairs qui ne vivent pas la même situation que lui. Bien sûr, je l'ai mentionné plus haut, les enfants résilients sont souvent des adultes reconnus pour leur force et leur résistance aux coups durs de la vie. Mais n'oublions pas que la résilience est un phénomène adaptatif naturel ou aidé par des tiers, en réaction à un traumatisme. Il est donc bon d'éviter au maximum ces traumatismes ou leurs conséquences en les amortissant par des explications adaptées à l'enfant.

De plus, le parent pourrait penser à tort que, puisque désormais il sait tout, son enfant serait un bon confident ou un réceptacle émotionnel dans les moments difficiles. Cela fait peser sur l'enfant une charge émotionnelle et une responsabilité trop grandes. Le fait d'évoquer avec votre enfant votre situation ne vous autorise pas à le transformer en un thérapeute à domicile.

Les enfants qui fonctionnent le mieux sont ceux, certes, qui ont la plus grande compréhension de la problématique, mais aussi ceux qui s'engagent dans des relations sociales de soutien ET ceux qui s'autorisent à penser et à agir séparément de leurs parents. Il est donc primordial que l'enfant, l'adolescent puissent continuer à vivre, comme les autres, les expériences nécessaires à leur bon développement psychoaffectif. Pourvu qu'ils ne se transforment pas en soignants, thérapeutes ou parents de leur propre parent…

Un autre piège consisterait à user du fait que l'enfant sait tout pour exercer un chantage. « Tu dois être bien gentil si tu veux que ton papa aille mieux. » Il est évident que cela fait porter au comportement de l'enfant la responsabilité d'une guérison éventuelle, ce qui n'est absolument pas adapté.

Cas clinique

Nathanael est âgé de quinze ans lorsque je le rencontre en gastroentérologie, à la demande du pédiatre.

Il a été hospitalisé pour des douleurs abdominales invalidantes, entraînant un absentéisme scolaire récent. Le pédiatre, malgré les explorations, ne « trouve rien de somatique » et demande une consultation pédopsychiatrique.

Garçon robuste, souriant et attachant, Nathanael est depuis son arrivée la mascotte du personnel, avec lequel il est poli, affable ; il passe dans quelques chambres voir les plus jeunes et fait le clown, divertissant petits et grands.

Son père est décédé lorsqu'il avait huit ans et il vit seul avec sa mère et son frère cadet de treize ans.

Lorsque je le rencontre, il est très surpris de voir un psy, mais intrigué et très coopératif. Il me raconte que les psys, ce n'est pas son truc et qu'il ne porte pas vraiment celui de sa mère dans son cœur.

Sa mère est suivie depuis de nombreuses années et prend des médicaments. Elle a un trouble de la personnalité limite, et elle a fait plusieurs tentatives de suicide qui ont mené à des hospitalisations. Lors de la dernière tentative, où elle a ingéré des médicaments en surdose, c'est lui qui a appelé les secours.

« On a l'habitude de gérer, avec mon frère », m'explique-t-il. Et il me raconte comment sa mère lui a demandé très tôt d'être un grand et de veiller sur son petit frère. Nathanael s'est fait un point d'honneur d'être digne de la requête maternelle, d'autant que l'homme de la maison, c'était lui, désormais. Il a « assuré » chez lui et longtemps à l'école aussi. Il ne voulait pas causer de problème à sa mère, imprévisible et colérique ; ce n'était pas la peine d'en rajouter. Aussi bien faire profil bas et être exemplaire. Il n'avait pas le temps de côtoyer « les jeunes », comme il les appelait, qu'il trouvait immatures et stupides et qui ne s'intéressaient qu'à des choses futiles. Il avait peu le goût de sortir et, même si, parfois, il était tenté de rejoindre un camarade au *skatepark*, il y renonçait souvent, pris par ses obligations à la maison. Et puis, quand elle allait mal, il ne quittait pas sa mère de l'œil. Dans ces moments-là, il pouvait dormir dans le salon pour l'arrêter si elle allait boire à la cuisine. C'est le truc qu'elle lui avait demandé, de l'arrêter quand elle allait mal, et il prenait son rôle très à cœur.

Quand elle était en période de déprime, il était là aussi jusque tard dans la nuit, pour l'écouter et la rassurer, lui dire qu'elle était une bonne maman et qu'il l'aimait.

Le lendemain, il se rendait à l'école épuisé, mais il avait l'impression d'avoir fait ce qu'il fallait. Quand il voyait ses copains ricaner pour des bêtises, il songeait que lui, il était au-dessus de cela. Dans de rares moments cependant, il avait la rage. Surtout quand la fille qu'il aimait bien était sortie avec un autre après la soirée où il n'était pas allé pour rester avec sa mère. Maman avait fini par le convaincre ce soir-là, en lui disant que lui, il serait un homme fiable, sûr et plus mature que les autres.

Mais, depuis le début de l'année, les exigences scolaires augmentaient, et il a commencé à ressentir une tension, l'impression de ne plus être à la hauteur, la peur d'échouer, et a choisi de ne pas rendre ses travaux plutôt que de risquer l'échec. Développant une véritable anxiété de performance, il a très vite ressenti de la honte et a trouvé plus simple de ne pas se présenter en classe. Le soulagement rapide de son angoisse par son absentéisme scolaire a fini par le convaincre que faire l'école buissonnière était la solution. S'enfermant dans le mensonge et la dissimulation en signant ses bulletins d'absence, il s'est mis à ressentir des douleurs abdominales de plus en plus intenses. Ces douleurs venaient justifier graduellement pourquoi il ne pouvait pas aller à l'école.

Après nous avoir ouvert son cœur, Nathanael m'a paru à la fois soulagé et anxieux.

Il a fallu d'abord lui expliquer en quoi ces douleurs intenses qui l'avaient amené à l'hôpital étaient un message de son corps pour exprimer l'anxiété.

Le travail dans cette situation a nécessité une approche délicate et progressive de la mère pour qu'elle ne considère pas l'aide de nos services comme intrusive et qu'elle ne donne pas à son fils l'impression de l'avoir trahie. La mère a reçu le soutien nécessaire à la compréhension de la dimension anxieuse des douleurs de son fils. Elle a pu saisir, au fil du suivi, que son fils assurait, certes, comme un grand, mais que cela lui coûtait énormément et générait en lui une pression telle que son corps lui criait de prendre soin de lui.

ÉVIDENCE 13:

L'enfant est un enfant, pas un miniadulte, pas un parent.

RÉFLEXION 14 :

« Je me sens moins bon parent et impuissant, moins compétent. Vais-je pouvoir assumer mon rôle ? »

Tous les parents se posent la question, qu'ils soient malades ou pas : suis-je un bon parent, suis-je compétent dans ce rôle ? Tenir son rôle de parent est l'un des plus grands défis de notre vie d'adulte ; en témoignent les livres pratiques, séminaires et autres coachs parentaux à la mode !

Si elle peine à comprendre la question de la maladie mentale, la société vient jeter un regard des plus désapprobateurs sur l'association « parent-maladie mentale ».

Il est encore fréquent d'entendre des jugements hâtifs sur les parents atteints de troubles mentaux. Il arrive qu'on nous considère comme incapables de nous occuper de nos enfants. Être atteint de dépression, certes, mais être parent en plus, quelle inconscience !

La maladie mentale vient ajouter une ombre au tableau en associant parfois une indisponibilité physique (fatigue, alitement, absence liée à l'hospitalisation, effets secondaires de la médication) et une indisponibilité psychique faite de bouleversements et d'instabilité émotionnelle.

Mais en quoi le parent malade serait-il dans l'impossibilité d'être un bon parent ?

On entend encore fréquemment les mêmes idées reçues sur les parents souffrant de handicap moteur ou sensoriel. En quoi la maladie fait-elle de vous un mauvais parent ?

Il arrive trop souvent que les parents malades (que la maladie soit physique ou mentale) ou porteurs de handicap soient involontairement disqualifiés par l'entourage, que ce soit les proches ou les professionnels aidants. Cette disqualification est causée par des aides abusives, sous couvert de bienveillance, qui font perdre au parent sa position parentale. Ainsi, on va proposer au parent de « faire avec lui » ou de « faire à sa place » à de trop nombreuses reprises. Parfois, son avis ne sera même pas écouté. J'ai pu constater, bien au contraire, qu'un parent malade ou porteur d'un handicap déploie des trésors de créativité et d'inventivité avec ses enfants pour les actes de la vie quotidienne, les activités familiales. Ces moments de réussite familiale sont de puissants motivateurs pour le parent, ainsi valorisé dans sa fonction. Sachez que la plupart des difficultés que rencontrent les parents malades avec leurs enfants sont les mêmes que rencontrent les parents en bonne santé ! Il est si important de se le rappeler !

Il faut que nous, professionnels, aidants familiaux, nous souvenions que, souvent, la place parentale est la seule qui subsiste alors que la maladie mentale entraîne des fractures sociales, professionnelles et familiales au sens large. Un parent est et reste parent dans le cœur d'un enfant, quelle que soit sa condition physique ou psychique.

Vous verriez-vous dire à un parent traité pour un cancer, par exemple, qui est fatigué et souvent peu disponible pour ses enfants, qu'il est un mauvais parent ? Non !

Alors pourquoi, lorsqu'il s'agit de santé mentale, nous autorisons-nous à nous traiter de la sorte, à nous infliger une telle culpabilité ? Un père me disait que, lors de ses moments dépressifs, il n'était plus lui, plus le même homme, conjoint et père. Vous êtes exactement celui que vos enfants connaissent et aiment. Vos comportements et émotions sont différents lors des moments difficiles en lien avec la maladie, mais vous êtes absolument le même, dans votre cœur. Être un adulte responsable et parent n'a rien à voir avec la maladie. Même si le quotidien peut être émaillé de moments douloureux, la vie de tous les jours doit rester celle de la transmission de vos valeurs, de ce qui compte pour vous : être authentique, donner un sens à sa vie, par exemple.

Voici les mots d'une petite fille de dix ans qui écrivait à son papa souffrant de maladie bipolaire :

« Mon petit papa, quand ta tête fonctionne trop vite, tu es très rigolo et tu fais des blagues drôles, mais tu vas tellement vite que je ne peux plus jouer avec toi, car tu n'as pas le temps et tu fais dix choses en même temps. Quand tu as la tête triste, tu ne fais plus rien, même si tu as tout ton temps. Mais, quand tu vas bien, c'est trop cool et j'aime faire du vélo avec toi. Quand je serai vieille, j'espère que tu iras faire du vélo avec mes enfants, car c'est ce que je préfère faire avec toi et que je garde dans ma tête. »

Il est tellement fort et puissant de demander à un enfant d'écrire une lettre à son parent, et de voir toute l'affection qu'il témoigne. Malgré la reconnaissance évidente des limites imposées par la maladie, des contraintes et des difficultés, ce témoignage démontre que, d'abord et avant tout, il a un parent, que celui-ci soit malade ou pas. Malgré les situations, l'enfant a toujours, et c'est ce qui fait sa force, cette capacité d'enchanter le quotidien et d'en faire ressortir le meilleur.

Ce dont votre enfant se souviendra, ce n'est pas de la limite imposée par votre maladie, c'est du temps passé ensemble et de sa qualité.

Des souvenirs forts, à haute teneur émotionnelle, préservés en photos, dessins, vidéos, sont des traces sensorielles qui resteront dans la mémoire de l'enfant comme autant de témoignages positifs de votre relation, qui permettront sa construction, malgré les événements douloureux et parfois traumatiques. Créer un lien, retisser la trame familiale et partager des moments positifs sont autant d'éléments indispensables à la résilience de votre enfant.

Cependant, j'ajouterai une petite nuance pour les cas où le parent vit un épisode extrêmement désorganisé, délirant, dangereux pour lui-même ou pour autrui. Évidemment, il n'est alors pas en mesure de prendre soin de son enfant d'une façon adéquate. L'enfant pourrait devenir anxieux, inquiet, voire effrayé par la situation. Il s'agira dans ce cas de protéger l'enfant, et les contacts ne se travailleront qu'une fois l'adulte stabilisé. Il faut absolument que des adultes relais parlent du parent absent, restent ouverts aux questionnements. Les mystères ne peuvent, en l'absence du parent malade, que plonger l'enfant dans la crainte de la perte, de la mort du parent.

Le rôle des adultes relais dans ce cas est important pour maintenir le lien symbolique. Ils sont aussi des soutiens émotionnels plus stables et sécurisants. Ils auront pour rôle également d'aider votre enfant à faire la distinction entre les comportements liés à la maladie et vous. Je ne saurais trop insister sur l'importance de ces adultes relais qui feront le pont, la transition avec le parent malade. Ils ne viendront cependant jamais « remplacer » le parent; l'enfant démontrera toujours une loyauté infinie envers son parent, même malade.

ÉVIDENCE 14 :

Un bon parent est celui qui se demande tous les jours s'il en est un !

« Oublie la peur, aie confiance en tes ressources intérieures. Tu peux plus que tu ne le penses », prônait Ralph Waldo Emerson.

RÉFLEXION 15 :

« Je culpabilise, donc je n'ai pas l'impression de pouvoir légitimement l'encadrer, lui mettre des limites. Souvent, quand il s'oppose, il me reproche mes difficultés et il a tellement raison. »

Nous nous retrouvons dans le même schéma que le précédent. En vertu de quoi un parent malade, et ce, quelle que soit sa maladie, somatique ou mentale, ne peut-il pas poser des limites à son enfant, lui imposer un cadre ?

Dans le cas d'une maladie chronique somatique ou d'un cancer, certains parents expérimentent la même difficulté. Le retentissement important, souvent physique, les empêche d'être, pour reprendre les mots d'une maman, « dans une position de parent à 100% » et la culpabilité qui en découle les fait parfois plier sous la pression de leur enfant et acheter la paix. « Puisque je n'ai pas été très présent hier à cause de mes nausées, tu peux rentrer plus tard. » « Je t'autorise à te coucher tard ce soir, car hier maman était fatiguée et cela a gâché ta fin de journée. » Il s'agit d'un phénomène classique, mais d'un piège qui peut venir bouleverser le cadre.

Comme me le rapportait cette mère de deux ados, traitée par chimiothérapie pour un cancer du sein : « Jamais ils n'oseraient utiliser mon cancer pour me reprocher une limite, un cadre ou une conséquence ;

les règles de la maison s'appliquent, cancer ou pas. Ils connaissent très bien la maladie et ses effets. »

Notez le propos de cette maman : le fait que ses enfants connaissent très bien la maladie et ses effets est un élément crucial pour elle, afin d'établir le cadre familial autour de la maladie. Comment développer certaines nouvelles routines lorsque vous êtes malade, si vous n'expliquez pas aux enfants qu'elles sont en lien avec votre état de santé ? Cela me semble périlleux !

Dans le cas de ces maladies invisibles que sont les maladies psychiatriques, l'enfant pourrait être amené à penser, comme cela est véhiculé par la société, que son parent présente une mollesse, un manque de volonté ou de motivation... Cela est effectivement bien connu de nos chers adolescents et préadolescents, à qui on reproche souvent la même chose ! Le parent qui resterait donc muré dans son silence en cachant les réelles raisons de cette « faiblesse » serait évidemment la cible parfaite pour un adolescent en mal de rébellion.

Rappelez-vous la révolte de mes jumeaux, tout petits, qui demandaient de rester en pyjama, de ne pas aller à l'école, puisque maman, elle, ne le faisait pas !

On voit donc, là encore, tout l'intérêt d'une information claire sur votre état, vos symptômes, leurs conséquences, pour qu'il n'y ait pas d'amalgame de la nonchalance de votre adolescent et de votre situation psychique.

Je reçois tant d'enfants dans mon bureau, malades de ne pas avoir de limites ni de cadre. La question du maintien du cadre et des limites, par vous et votre partenaire, ou par un aidant, est donc primordiale pour maintenir la sécurité interne de votre enfant.

ÉVIDENCE 15 :

Être malade n'empêche pas de poser le cadre et les limites nécessaires au bon développement de votre enfant.

RÉFLEXION 16 :

« J'ai tellement honte. »

Je tiens à vous faire ce petit rappel : une personne sur cinq souffrira de problèmes de santé mentale au cours de sa vie. Les maladies mentales sont les maladies les plus fréquentes au monde après les cancers et les maladies cardiovasculaires.

Ainsi, les troubles psychiatriques sont fréquents et sont une préoccupation majeure pour l'avenir, le vôtre et celui de vos enfants.

Pourquoi est-il tellement fréquent que notre vieille tante parle facilement de son diabète, notre grand-père, de sa prostate (pourtant si intime), notre sœur, de son cancer ? La maladie mentale est une maladie, au même titre que toutes les autres maladies, et n'est pas plus « étrange » ou honteuse parce qu'elle se passe dans la tête. Le fait que le support organique soit le cerveau ne signifie pas qu'elle est inventée ou qu'elle découle de notre volonté, ou qu'elle est liée à une faiblesse, à une paresse ou à une défaillance de notre personnalité (comme de nombreux sondages sur les croyances liées à la maladie mentale en témoignent encore).

Être atteint de maladie mentale ne dépend pas d'une bonne ou mauvaise volonté, quoi que la société véhicule encore trop souvent à ce sujet. Je suis tombée sur une publicité de sensibilisation sur la dépression, aux États-Unis : « Tu ne dirais jamais : c'est juste un cancer, bouge-toi. Alors pourquoi certains disent-ils cela de la dépression ? »

Il est vrai que la maladie mentale, si invisible, est aussi difficile à comprendre de l'extérieur qu'elle est difficile à expliquer de l'intérieur.

Mais rappelez-vous : on ne choisit jamais d'être malade, de quelque maladie que ce soit, et la maladie mentale ne déroge pas à la règle. Souffrir et dissimuler sa souffrance équivaut à perpétuer le tabou et la stigmatisation. Cela revient effectivement à dire : « J'ai honte de ce que j'ai, j'ai peur. J'ai peur de faire peur. J'ai peur de faire mal. » Par ce silence, vous faites mal, oui. À vous-même d'abord.

Vous ne vivez pas une situation unique, les statistiques le prouvent, et briser le tabou et les préjugés passe tout d'abord par l'ouverture de cette souffrance et son partage, son explication dans le sein du cocon familial, là où les gens sont le plus bienveillants et compréhensifs. Commencer à vous ouvrir à votre conjoint, à vos proches, à vos enfants, c'est le début de l'affirmation de soi en tant qu'individu unique et singulier, authentique.

Essayez de répéter ces phrases pour vous-même, comme un mantra :

« Je suis (mettez-y votre prénom) et je suis une personne qui souffre (de difficultés de santé mentale, ou mettez le nom de votre maladie).

« La maladie ne me définit pas, ne définit pas mes forces ni mes faiblesses, mes ressources ni mes potentiels, mes défis, mes victoires ni mes échecs.

« Je n'ai pas choisi la maladie, elle m'est tombée dessus, mais elle ne me définit pas.

« Je ne dois pas éprouver de honte, car je n'ai pas honte de moi. La maladie doit avoir honte d'elle-même, mais moi, je n'ai pas honte de moi ni de ce que je suis, de qui je suis. »

La honte agit sur votre estime, sur votre relation à l'autre avec un sentiment d'indignité (« je pense que je ne suis pas digne de son amour ») et sur vos relations, votre place dans la société (« je pense que je ne peux intéresser personne et que je ne suis rien dans cette société »). La honte vous tue à petit feu et les problèmes de santé mentale en sont encore malheureusement les pourvoyeurs numéro un.

« Un diagnostic est une charge suffisante sans avoir besoin d'être chargé en plus par le secret et la honte », soutenait Jane Pauley.

La première chose à faire vis-à-vis de la honte est de la reconnaître, de l'accepter, puis de la nommer : nommer sa honte pour ne pas se laisser engloutir par elle.

ÉVIDENCE 16 :

« La honte n'a pas pour fondement une faute que nous aurions commise, mais l'humiliation que nous éprouvons à être ce que nous sommes sans l'avoir choisi, et la sensation insupportable que cette humiliation est visible de partout », déclarait Milan Kundera.

RÉFLEXION 17 :

« Je parlerai aux plus grands ou à ceux qui ont la capacité de comprendre. »

Tous vos enfants doivent se voir expliquer la situation, bien sûr de manière appropriée à leur âge, à leur maturité affective, à leur niveau de compréhension intellectuelle.

L'avantage des contes, tels que je les conçois, est qu'ils s'adressent aux plus petits comme aux plus grands, car qui n'aime pas entendre une histoire ?

Lorsque vous avez plusieurs enfants, il est bon avant d'en parler d'aller vérifier ce que chacun sait déjà ou croit savoir, ce qu'il a perçu et ressenti, les informations qu'il a récupérées çà et là, tant à l'école qu'auprès de ses proches. Quelles théories, hypothèses ou conclusions a-t-il formulées à partir de ses perceptions ? Que croit-il savoir, que sait-il, que pense-t-il de cela ? Ainsi, avant de dire faut-il peut-être d'abord laisser dire…

On parle d'un dialogue réceptif qui donne à vos enfants la possibilité de dire, dans un lieu sécuritaire et rassurant. Il s'agit pour vous, en réunissant par exemple tous les enfants et votre partenaire, de laisser venir ce qui vient, à leur rythme. C'est un formidable apprentissage pour les enfants de parler de leurs émotions, même des plus désagréables et parfois effrayantes. Accueillies sereinement, elles sont alors moins angoissantes, car entendues et respectées par vous.

Dans un deuxième temps viendra le « parlons-en plus précisément », et l'usage des contes vous sera d'une aide précieuse !

Cas clinique

J'ai suivi une fratrie de cinq enfants dont la maman souffrait de maladie bipolaire.

C'était une première pour moi de suivre toute une famille et j'ai décidé, après avoir rencontré les enfants individuellement, de les rencontrer tous ensemble, « en équipe », comme disait l'aîné. L'objectif de ces entretiens de fratrie tournait autour de la compréhension de la maladie maternelle. Nous avions convenu d'un « temps pour eux » afin que je recueille leurs impressions, leurs questions et inquiétudes, ainsi que d'un temps avec leur maman, ensuite, pour parler de la maladie.

J'ai pu constater que tous avaient un style de compréhension et d'approche de la situation différent.

Le petit de quatre ans, dans sa période globale d'accès au langage en tant que vecteur de communication et de compréhension du monde, posait des questions incessantes. Il insistait tout le temps sur certaines questions et revenait régulièrement à la charge, se montrait presque harcelant, disait la mère. Il faut savoir que souvent ces questions récurrentes témoignent d'une inquiétude. De plus, elles viennent chaque fois tester la fiabilité et la constance de la réponse.

Les sœurs jumelles de sept ans, grâce à leur relation gémellaire forte, vivaient dans une forme de bulle protectrice qui les distanciait quelque peu de la situation ; elles se contentaient des explications approximatives et floues de leurs parents.

Le préadolescent de douze ans, lui, avait demandé une explication précise après avoir fait quelques recherches sur Google et avoir discuté avec un ami. Cette tentative s'était heurtée à un malaise chez ses parents : il me décrivait comment il avait perçu le regard fuyant, les explications contradictoires, la gêne et la voix tremblante de sa mère. Cette perception était d'une telle acuité qu'il s'était juré de ne plus s'y essayer tant il avait le sentiment d'avoir ouvert une boîte de Pandore dangereuse. Il préférait se taire.

Enfin, l'aîné de dix-sept ans connaissait déjà la réponse à ses questions, mais il en posait tout de même régulièrement pour venir tester ses parents et vérifier leur authenticité.

Il était prodigieux de voir comment chacun décrivait la même situation, avec une sensation commune

(« il se passe quelque chose ») et des émotions parfois différentes : anxiété et inquiétude, indifférence relative, colère, déni, honte, culpabilité…

Ce travail de groupe a permis à chacun d'entendre le vécu de l'autre, ses peurs, ses espoirs. Les enfants ont renforcé un lien fraternel déjà fortement soudé par la maladie maternelle. Ils ont développé une intelligence commune face à l'adversité de la maladie, chacun étant capable à sa façon de repérer des signes précurseurs d'épisodes. Ils ont enfin pu établir des plans d'action précis et rassurants pour chacun en cas de crise. Ce fut l'une des expériences les plus enrichissantes de ma carrière, qui m'a montré la puissance de la solidarité fraternelle dans les situations de troubles mentaux familiaux. Cela m'a également sensibilisée à l'effet de la maladie mentale d'un frère ou d'une sœur sur une fratrie. Désormais, chaque fois que je rencontre un enfant dans mon bureau, je questionne les parents sur la fratrie et sur comment elle va. La fratrie est souvent une victime collatérale bien silencieuse.

ÉVIDENCE 17 :

Vous êtes une famille. Tous les membres y ont leur place et doivent être informés, de manière appropriée à leur âge et à leur niveau de compréhension. Tout seul, on va plus vite, mais, ensemble, on va plus loin.

RÉFLEXION 18 :

« Comment mon enfant va-t-il pouvoir se défendre contre ses pairs si on se moque de lui ou on l'intimide ? Comment lui donner les bons outils pour cela ? »

Il est sûr que le diagnostic de maladie mentale, encore empreint de crainte dans notre société, crainte liée à l'ignorance des gens, fait peur et induit parfois un rejet chez l'autre. Cela peut se manifester par de l'évitement, de la moquerie, voire de l'intimidation.

Il est d'autant plus important pour votre enfant de savoir ce qu'il retourne de votre réalité pour qu'il comprenne le pourquoi des attaques et des remarques possibles.

Les comprendre ne fera pas en sorte qu'elles soient plus acceptables pour lui. Mais il s'agit de lui expliquer en quoi ces diagnostics font peur, en insistant sur le fait que c'est l'inconnu, l'ignorance des gens qui entraînent ces réactions. Votre enfant pourrait être confronté aux regards et aux questions : « Pourquoi il est comme ça, ton papa ; pourquoi elle est bizarre, ta maman ?... » Aux questions ouvertes viendront s'ajouter les affirmations blessantes, souvent répétées naïvement après avoir été entendues dans une conversation d'adultes. Si aucune discussion n'est amorcée, l'enfant risque petit à petit de laisser s'insinuer cette vision dégradée du parent.

Cette vision pourrait bientôt être remplacée par de la colère envers lui. « Pourquoi il me fait vivre cela, pourquoi il ne peut pas être comme les autres parents, pourquoi ça tombe sur moi ? »

Il y a danger que l'enfant s'enferme dans cette colère, colère qu'il peut aussi bien exprimer à son parent, à sa fratrie, à ses pairs ou aux professeurs qu'à lui-même, par exemple en sabotant ses résultats scolaires ou ses relations amicales.

Parler avec votre enfant de votre réalité lui permet d'avoir la vision la plus précise possible de ce qui arrive. Cela lui évite d'être happé par la vision réductrice, implacable, parfois accablante de la société.

Le savoir est la première arme nécessaire dans tout combat. Il ne faut jamais laisser l'enfant se construire une image de vous qui se baserait sur le regard des autres, de la société, de ses pairs ignorants.

ÉVIDENCE 18 :

Être informé, comprendre, c'est être mieux armé face à l'ignorance, à la bêtise et à la méchanceté.

DEUXIÈME PARTIE

L'usage du conte, un outil simple, à la portée de tous

« Toutes les histoires ont une fin,
mais chaque fin est le début de quelque chose de nouveau. »
AUTEUR INCONNU

CHAPITRE UN

Ce qu'en disent les psys

Le conte est une métaphore ; du grec *meta* qui signifie « transport », un conte métaphorique est un moyen de transport d'un ou de plusieurs messages vers votre inconscient.

Avez-vous remarqué comment, quand on utilise une image pour expliquer quelque chose, quand on utilise une histoire cocasse et drôle dans une publicité, cela nous revient spontanément, de façon lancinante, comme si nous l'avions appris par cœur ? Pourtant, nous n'avons fait aucun effort conscient pour nous en souvenir !

La métaphore exprime un message sans l'énoncer clairement ni précisément, et vient parler à notre pensée symbolique, imaginaire et sensible. Elle nous fait vibrer, évoque des souvenirs enfouis, des sensations, et livre un message qui sera ensuite relayé à notre pensée logique. C'est donc un vecteur de message, un pont entre la pensée sensible et la pensée logique. Lorsque nous voulons parler d'une situation difficile à quelqu'un, un message trop direct pourrait réveiller ses défenses et angoisses. La subtilité de la métaphore nous permet de contourner ces défenses et ces angoisses et de nous adresser « indirectement » à l'autre.

Voici deux exemples :

« Il était une fois un petit garçon dont la maman souffrait de dépression… »

« Il était une fois, dans une contrée lointaine, peuplée de géants, un petit géant qui vivait avec ses deux parents qu'il aimait tendrement. Chaque matin depuis quelque temps, sa maman, pourtant la première levée d'habitude, n'arrivait plus à se tirer du lit et restait couchée… »

Percevez-vous la différence entre les deux messages et les deux approches ?

Le premier message est on ne peut plus clair, certes, et vient parler à la pensée logique, mais de façon brutale et si directe qu'elle n'arrivera pas à « accrocher » l'enfant, surtout s'il est plus petit.

Le conte métaphorique va être construit de façon isomorphique, c'est-à-dire qu'il va se rapprocher de la situation de l'enfant et exprimer un message sans en avoir l'air et sans l'énoncer clairement. Paul Ricœur (7) affirmait que, pour qu'elle ait une fonction de message, la métaphore devait être vivante, donc qu'elle devait avoir, de façon subtile et légère, des similitudes avec la situation difficile. De la sorte, le message sera moins menaçant, moins angoissant, il ne s'adressera pas directement à l'enfant. Celui-ci va s'approprier l'histoire en se rapprochant du personnage qui lui « fait étrangement penser à quelqu'un », sans jamais être lui. Il va faire des liens, des connexions entre sa situation et celle du héros, qui n'est pas dans le même lieu, pas dans le même temps souvent, et qui parfois n'est même pas humain ! Il va s'identifier au héros, à ses sentiments et découvrir comment il trouve ses clés et solutions pour résoudre la situation.

Dans ce partage émotionnel, l'enfant va réaliser indirectement que le héros vit une situation semblable à la sienne et qu'il n'est pas seul !

Pour construire un conte, il faut toujours utiliser les mêmes ingrédients.

Le conte commence par une phrase d'introduction qui installe l'enfant ailleurs, dans un univers magique, et le déplace dans le temps et l'espace. L'enfant sort du monde réel et concret en s'ancrant dans l'imaginaire.

On déconnecte le conscient pour s'adresser directement à l'inconscient de l'enfant. En langage savant, on parle d'une dissociation. C'est un processus hypnotique naturel et classique dans tous les contes, qui permet de captiver l'enfant, de capter toute son attention. C'est le classique « il était une fois, dans une contrée lointaine... ».

On introduit ensuite le personnage central imaginaire, qui peut avoir quelques caractéristiques de l'enfant (mais évidemment pas trop), qui le plus souvent sera un personnage avec des qualités de courage, de bravoure ; il sera malicieux, débrouillard, créatif. Bref, un personnage avec des ressources et du potentiel.

On décrit par la suite la « situation problème » : dans notre cas, la vie avec la maladie mentale. Le plus souvent, on va l'exprimer par les symptômes, les enjeux relationnels et émotionnels auxquels sera confronté notre héros. On insistera dans cette situation sur les difficultés émotionnelles, le sentiment d'impuissance du personnage, sa solitude, ses peurs et ses pertes de repères.

On ajoute des personnages-« surprises », relais, des rencontres surprenantes, des personnages guides qui vont aider au dénouement et qui représentent les aidants adultes, parfois les amis que l'enfant peut croiser sur son chemin et qui provoquent des changements dans sa situation.

On saupoudre d'interventions ou de personnages magiques, mystérieux et sages, qui représentent l'inconscient de l'enfant et ses ressources personnelles.

Un collègue a déjà voulu savoir pourquoi je mettais dans mes contes autant de magie, alléguant que « la vie et la réalité des enfants n'ont rien de magique ». J'ai alors brandi un crayon devant lui en lui demandant :

– Qu'est-ce que c'est ?

– Un crayon, bien évidemment, m'a-t-il répondu d'un ton agacé.

– Pour moi, pour les enfants, c'est aussi une baguette magique, une carotte, un kaléidoscope, un bâton de marche pour lilliputiens, une lance attrapeuse d'étoiles…

« Toutes les grandes personnes ont d'abord été des enfants, mais peu d'entre elles s'en souviennent », a dit Antoine de Saint-Exupéry.

C'est l'une de mes citations favorites ; elle est inscrite au dos de ma carte de visite !

Certes, la vie de ces enfants ne relève pas du merveilleux ni du magique dans leur réalité. Mais ce sont des enfants. Et grandir implique trop souvent pour nous, adultes, de perdre notre capacité à imaginer, à créer et à croire à la magie. La magie, l'imaginaire (un animal qui parle, un géant) au travers du conte, est ainsi un ingrédient indispensable !

Voilà donc la recette de base pour construire un conte métaphorique. Bien sûr, chaque cuisinier aura un ou deux ingrédients secrets, exprimant sa touche personnelle ! Alors mettez-vous aux fourneaux, testez la recette et partagez votre expérience !

CHAPITRE DEUX

Pourquoi raconter des histoires ? L'apport des neurosciences

Depuis la nuit des temps, les parents aiment raconter des histoires aux enfants.

Quand je dis raconter des histoires, je ne parle pas des mensonges, bien sûr ! Je parle d'utiliser un conte, une métaphore, c'est-à-dire un récit merveilleux, magique, imaginaire qui véhicule souvent une morale, un message important, sans en avoir l'air !

Fermez les yeux quelques secondes et rappelez-vous une histoire racontée par votre grand-père ou, un soir d'orage, relatée par votre mère, blottie sous la couverture chaude ; ou bien encore celle, effrayante, du cousin Arthur, autour du feu de camp, une nuit d'été.

Fermez les yeux encore quelques secondes et observez ce qui se passe en vous ; les émotions surgissent et, avec elles, leur cortège de sensations : les odeurs (le parfum de maman, l'odeur de la veste usée de papi, celle du feu de bois), les sons (le bruit des flammes qui crépitent, de la forêt qui se réveille au crépuscule…), le toucher (le câlin doux de votre mère, son souffle chaud sur votre joue…), les saveurs (du chocolat chaud bu avec papi, de la tisane à la camomille sirotée avec maman…).

Tout est là, comme si vous y étiez, pourtant cela fait des années, parfois des dizaines d'années, que cela s'est produit.

C'est comme si, depuis cette époque, notre cerveau avait retenu toute l'information, l'émotion ressentie au moment de l'histoire. Comme si tous ces petits détails, de l'intonation de la voix au regard, à l'ambiance, étaient encapsulés dans notre mémoire.

On se souvient clairement de la morale de ces histoires, du Petit Poucet à Blanche-Neige, en passant par le Petit Chaperon rouge… Le message de chaque histoire est là, intact, comme si elle avait été racontée hier.

Par quel prodigieux phénomène tout cela est-il possible ? Comment expliquer la puissance de ces contes ? Les neurosciences nous donnent la réponse.

Voudriez-vous m'accompagner dans un bref voyage au sein du cerveau ?

Peut-être auriez-vous plutôt envie de sauter directement à la partie suivante, car les cours de sciences, à l'époque, ce n'était pas vraiment votre truc. Moi non plus ! Cependant, je ne sais pas pour vous, mais moi, quand elle me confiait sa merveilleuse recette de tarte, ma grand-mère ne me donnait pas seulement les ingrédients ; elle me parlait de la température du four, du moule idéal, du tour de main pour la pâte...

De même, quand on me dit « faites-moi confiance, allez-y les yeux fermés, ça fonctionne, croyez-moi », je suis plutôt mal à l'aise ; j'aime au moins comprendre le principe !

Eh bien voilà, pour saisir la puissance des contes et être capable ensuite d'en fabriquer vous-même, vous devriez prendre connaissance de ces informations.

Imaginez le cerveau divisé en deux ; le cerveau droit et le gauche, reliés par un pont, le corps calleux (ce sera le seul nom scientifique, promis !). Bien sûr, comme le précise le docteur Daniel Siegel (5), le cerveau est très complexe, et on parle aussi d'un cerveau haut et d'un cerveau bas. Toutes ces zones ont des rôles particuliers, mais sont reliées et connectées. Il précise que la bonne communication entre ces différentes zones est à l'origine du bien-être mental. Toutes ces zones vont devenir matures, petit à petit, et nous verrons plus loin que certaines sont développées plus rapidement chez l'enfant, raison pour laquelle le conte sera si efficace !

Faisons donc connaissance avec le cerveau droit : c'est l'émotif de la bande, il est irrationnel, aime les images, il décode les indices non verbaux de l'environnement (un regard, une expression du visage, un geste, un ton de voix qui monte). Il est à l'écoute des messages et sait quand on est triste, découragé, apeuré, dégoûté, en colère. Je l'appelle Lennon (oui, oui, comme John). C'est l'artiste, le créatif, le sensible.

Son voisin, le cerveau gauche, est le logique, le cartésien, le scientifique. Il organise la pensée en phrases, il aime l'ordre, les rangements, les lignes. Je l'appelle Schulz l'ingénieur ou le juge (nom de mon professeur préféré au collège, rigoureux et rigide, mais tellement efficace).

Chacun vit dans son « appartement » ; séparés par un pont, ils peuvent communiquer ensemble et ont besoin l'un de l'autre pour que le logement tienne solidement. Lennon, l'artiste, le sensible, est bruyant comme un étudiant, met souvent la musique fort (les émotions) et a besoin que son voisin sérieux vienne à l'occasion tempérer ses ardeurs et lui demande de baisser le son. Mais, en même temps, ce vieux bougon de Schulz, cerveau cartésien, aime aussi parfois que son voisin artiste émotif joue de son instrument favori et apporte un peu de fun à sa journée. Finalement, chacun procure à l'autre quelque chose et, quand ils communiquent bien, le voisinage est au beau fixe et le bien-être mental règne.

Vous ne serez pas étonné de lire que, dans les trois premières années de vie d'un enfant, le cerveau qui prédomine est le droit, notre artiste créatif. L'enfant vit dans l'émotion, l'instant présent, l'immédiateté, baigne dans l'imaginaire. Dans son cerveau, le voisin artiste, bruyant, désordonné et qui aime faire la fête dérange un peu son voisin sage et bougon, qui sommeille pour le moment.

« Un nuage en forme de lapin, maman, regarde », vous dit votre fils tandis que vous courez, un sac de courses dans une main, la main du petit dans l'autre, pour aller chercher le grand à l'école… Vous et votre cerveau gauche mature, logique et organisé, êtes en train de perdre patience et d'anticiper le retard possible, tandis que « minivous » est hilare, submergé par l'émotion du lapin-nuage et de son cerveau droit !

Petit à petit, le cerveau gauche, le voisin sérieux, va entrer pleinement en fonction (se réveiller tranquillement, si vous préférez), et ce sera alors le temps pour le petit homme de vous questionner : pourquoi, comment ? C'est la phase du « vouloir comprendre » et de l'expression par le langage. Les interactions avec l'environnement et leurs qualités vont assurer un bon développement de cette fonction gauche et une bonne communication entre cerveaux droit et gauche. (Rappelez-vous, c'est la qualité des interactions, le partage émotionnel, qui participe au développement de l'empathie, des habiletés sociales de l'enfant!)

Ainsi, la voie à privilégier pour aider les enfants à comprendre certains événements de vie, à gérer leurs émotions, est celle de Lennon, le cerveau droit.

Les chercheurs ont découvert que connecter au cerveau droit de l'enfant nos propres émotions et notre cerveau droit va permettre de faciliter chez lui la compréhension du moment et aussi de diminuer la tempête émotionnelle lors d'événements difficiles.

Pourquoi ne pourrait-on pas, alors, dans les moments difficiles, faire appel à son cerveau « raisonnable » et réfléchi, le gauche, pour qu'il comprenne mieux?

Que se passe-t-il dans le cerveau d'un petit lors d'une tempête à la maison (maman pleure, papa part à l'hôpital…)? L'enfant est dans une vague émotionnelle, un tourbillon et parfois un véritable tsunami dans son cerveau prédominant, le droit émotionnel.

Son cerveau gauche, encore bien immature, est incapable de raisonner, d'être logique ou pragmatique. Il ne peut pas réfléchir ni faire le point sur ce qui arrive.

Il ne peut pas se maîtriser ni s'apaiser, ou se dire que la « tempête » est passagère.

En gros, le voisin sage et raisonnable est encore insuffisamment prêt pour aider son voisin émotif. Toute tentative d'expliquer les choses à l'enfant pendant le tourbillon émotionnel ne va que remplir son cerveau droit sensible d'émotions et d'angoisse, tandis que le cerveau gauche restera désertique, vide de sens et de compréhension.

On ne peut donc pas, dans ces moments, demander à l'enfant « de comprendre, de prendre du recul, d'être raisonnable ». Son cerveau raisonnable est alors « indisponible » et le cerveau sensible, envahi !

Combien de parents répètent souvent à leur enfant « sois raisonnable », « va réfléchir » dans un moment de tempête émotionnelle, constatant toutefois, impuissants, que ça ne marche pas ?

Combien de parents ont essayé de parler à leurs enfants de leurs difficultés psychiatriques en tentant d'utiliser « les bons mots », en « simplifiant les informations » et en ayant l'impression que leur enfant était hermétique ou ne comprenait pas ?

Toutes les études montrent que, avec les enfants, dans la majorité des cas, mais aussi et surtout en situation de crise, de difficulté ou de traumatisme, il faudra d'abord, comme le dit Daniel Siegel (5), se connecter au cerveau droit des émotions, et ensuite rediriger les informations vers le côté logique et verbal du cerveau gauche.

Connecter au cerveau droit de votre enfant votre propre cerveau droit peut certainement paraître risqué, compliqué et digne d'un laboratoire ! Mais, si je vous dis que vous savez le faire, depuis longtemps, même assis dans votre fauteuil... Vous me voyez venir : racontez une histoire ! Utilisez une métaphore, une image !

Arrêtez de penser, de raisonner, et ressentez ! C'est d'ailleurs pour cela que j'affirmais dans la réflexion numéro 9 que verbaliser certaines émotions réduisait leur intensité : si on parle d'un point de vue scientifique, nommer son émotion, son sentiment, vient diminuer l'activité de l'hémisphère droit (de Lennon), l'apaiser ! Le cerveau gauche, le prof, qui aime mettre des mots sur les choses, va permettre de donner du sens à l'expérience émotionnelle et donc d'apaiser la vague qui submerge le cerveau droit ! Quelle équipe !

En utilisant des images ou des métaphores dans le domaine du merveilleux et de l'imaginaire, on vient parler au cerveau droit de l'enfant, son cerveau de l'émotion et des sensations. Par la connexion que celui-ci entretient avec le cerveau gauche, on nourrit ce dernier progressivement de messages, de concepts, d'idées qu'il pourra digérer dans le futur, quand il deviendra plus mature. Petit à petit, l'émotion ressentie par le cerveau droit, les messages métaphoriques acquis par le conte pourront être analysés, enregistrés et mis en mots par le cerveau gauche.

Ainsi, on peut tout à fait aborder des sujets difficiles ou délicats par l'intermédiaire du conte. C'est un puissant moyen de transport vers le cerveau droit de votre enfant.

Autrement dit, ce qui depuis la nuit des temps est un réflexe et une évidence pour les parents, éducateurs et enseignants est désormais validé scientifiquement : nous voilà rassurés !

Les études montrent que même les enfants âgés de seulement dix mois sont sensibles à la narration d'une histoire !

Cas clinique

J'ai accueilli, il y a quelques années, dans mon cabinet de consultation, des parents et leur petit de quatorze mois qui présentait une anorexie du nourrisson sévère, puisqu'il ne se nourrissait que d'un biberon de lait par jour et n'acceptait pas le contact de nouveaux aliments sur sa bouche.

La mère était alors suivie pour une dépression sévère du post-partum, trouble culpabilisant, qu'elle voulait tenir secret tant il était inconcevable pour elle de le nommer et de l'évoquer. Il était associé à trop de honte, de sentiments de ne pas être une mère suffisamment bonne, compétente. Elle décrivait comment elle pouvait se sentir détachée parfois de son fils, ce qui augmentait sa culpabilité de ne pas « être capable » de créer un lien, malgré tout l'amour qu'elle lui portait.

En miroir de ce détachement maternel, c'était comme si ce petit garçon vivait, respirait au rythme ralenti de sa mère, ressentait sa souffrance dépressive et s'interdisait, de façon archaïque mais redoutablement dangereuse, de vivre lui-même. Refuser de se nourrir, c'était comme refuser le sein, refuser la part de la mère, signifier son malaise, son angoisse. C'est ce qu'on nomme une dépression du nourrisson, terme qui surprend souvent, tant il semble inimaginable qu'un bébé déprime. Et pourtant! Le repli de certains bébés (moins souriants, interagissant moins, bébés qu'on dit passifs, discrets) peut relever d'une véritable dépression.

Face à ce cas singulier, j'ai alors écrit l'histoire de ce petit garçon, de sa maman et de son papa, sous la forme d'un conte qu'ils lui ont lu, chacun leur tour à haute voix, puis à quatre mains, avec beaucoup d'émotions. Ce bébé avait besoin d'entendre qu'il avait été désiré, que la distance, voire la froideur parfois qu'il ressentait de la part de sa mère n'avait pas de lien avec lui : qu'il était aimé.

Dans la semaine qui a suivi, il a accepté sa première cuillère de compote et, de jour en jour, est devenu un véritable petit glouton.

Un long travail de tissage du lien mère-bébé a été ensuite nécessaire pour reconstruire (je dirais plutôt construire) une base relationnelle solide.

Au-delà de cas aussi remarquables, sachez qu'en utilisant l'histoire, le conte, les images, vous pouvez parler directement au cerveau droit de votre enfant ; l'avantage de cet outil est qu'il est accessible (vous en trouverez des exemples dans ce livre). Il est aussi facile d'en composer soi-même une fois les bons ingrédients réunis (comme la tarte de grand-maman !).

Alors allons-y, asseyons-nous confortablement dans une ambiance douillette et rassurante, et racontez-moi votre histoire…

TROISIÈME PARTIE

Un conte pour ma maladie : une histoire pour lire et se dire…

« *On raconte une histoire et on est allégé de son sens.* »

HECTOR DE SAINT-DENYS GARNEAU

Maintenant que je vous ai expliqué pourquoi il faut parler de votre maladie aux enfants, pourquoi le faire en racontant une histoire et comment le conte est puissamment efficace, voici la troisième partie, consacrée aux contes.

Vous trouverez un conte pour chaque pathologie, suivi d'une fiche pratique avec quelques rappels à propos de la maladie (cette fiche ne se veut pas exhaustive ni suffisamment précise pour établir des diagnostics ; elle est un repère et rassemble quelques points centraux).

Rappelez-vous que la lecture du conte se fait lors d'un moment calme, propice aux échanges ultérieurs, dans un endroit paisible, sans stimulation extérieure excessive (télévision et cellulaire éteints, s'il vous plaît!).

N'hésitez pas à lire une première fois le conte seul, afin d'en repérer les temps forts et de voir comment vous pourriez le « mettre en scène ».

Par mise en scène, je veux dire marquer des temps d'arrêt, utiliser des intonations différentes, mimer, accentuer des bruits… Cela aide l'enfant à s'immerger dans le conte, à être dans la dissociation hypnotique « naturelle » dont je vous parlais plus tôt, qui favorise le passage du message métaphorique vers l'inconscient.

À côté du titre de chaque conte, je précise entre parenthèses de quelle pathologie il traite. (Cela n'est pas à lire à haute voix.)

Êtes-vous prêt?

Alors, laissez-vous porter.

5…

4…

3…

2…

1…

Il était une fois… votre histoire

De la pluie chez Titome

(la dépression)

Il était une fois, dans un pays loin, très loin d'ici, au fond d'une forêt d'arbres si grands que leur cime touchait les nuages, un village de géants, le village de Grantome.

Dans une de ses maisons vivait Titome, petit géant de dix ans. C'était un géant curieux, très intelligent, entouré de ses parents qu'il aimait tendrement.

Chaque fin de semaine, il passait du temps avec son papa, à grimper au-dessus des nuages en se hissant à des échelles magiques, que papa faisait apparaître avec de la poudre de ciel. Arrivés au sommet, ils redescendaient par des glissades d'arc-en-ciel que papa créait en versant quelques gouttes d'eau de pluie sur les rayons du soleil.

Avec maman, il aimait cuisiner et faire sa célèbre soupe à la citrouille, très appréciée dans tout le village.

Mais ce qu'il aimait vraiment, c'était le moment du lever. Il n'avait pas un de ces réveille-matin à la sonnerie affreuse qui vous casse les oreilles ; non, il avait mieux que cela.

Chaque matin, maman se levait en chantant. Elle s'habillait de sa robe qui changeait de couleur chaque jour, mettait son manteau rose qui se réveillait en se secouant les manches, elle arrosait sa plante bleu doré qui se redressait en étirant ses tiges. Elle grillait le pain et chauffait le chocolat chaud, et tout cela en chantant. Et ce n'est qu'après sa routine matinale qu'elle se précipitait sur le micro de la maison, relié à toutes les maisons et rues du village, et s'écriait :

– Ici Radio Géant. Bien le bonjour, amis de Grantome !

Sa maman était le « rayon de soleil » du village et sa voix douce et joyeuse réveillait un à un chaque habitant.

Tous les printemps se tenait le tournoi des géants, où chaque famille pouvait présenter un candidat. Cette année, enfin, Titome avait atteint l'âge de s'y inscrire, et c'est tout fier qu'il avait donné son bulletin de participation, ce matin-là.

Ce tournoi comportait des épreuves de courage, d'escalade de nuages et des épreuves de talent personnel où chacun pouvait présenter ce qu'il voulait. Les participants étaient également notés sur leur costume original, le plus souvent confectionné avec l'aide de leur maman.

Titome était tellement excité! Il avait naturellement choisi son épreuve personnelle, la cuisine, et prévoyait préparer la célèbre recette de soupe à la citrouille de sa maman : un succès garanti, selon lui.

Pendant tout son cours de mathématiques, il avait dessiné les croquis de son costume, qui se composerait d'une chemise rayée bleu et jaune, d'un pantalon vert et d'un chapeau rouge orné d'une plume dorée!

Le soir, de retour à la maison, il ouvrit la porte en grand, brandissant son dessin et son bulletin de participation au tournoi.

– Tadam ! cria-t-il, le bras en l'air dans la cuisine curieusement vide.

Pas de casseroles sur le feu ni d'odeur de mets succulents… pas de maman chantant l'hymne des géants… pas de bouquet odorant sur la table de cuisine. Le manteau de maman était posé sur une chaise, les manches pendantes, sa robe était pliée à côté, d'une couleur gris souris triste, et sa plante magique était comme endormie.

– T'es où, maman ?

– Maman est déjà au lit, elle est fatiguée, répondit son papa, derrière lui, le faisant sursauter.

– Fatiguée, demanda Titome, mais elle avait l'air d'aller bien, hier, pourtant…

– Cela va passer, le rassura papa, il faut qu'elle se repose, c'est tout.

Titome se coucha, ce soir-là, le cœur lourd, car, pour la première fois de sa vie de jeune géant, il n'avait pas pu dire bonne nuit à sa maman ni lui faire un câlin.

Le lendemain matin, Titome se réveilla fatigué. Il s'étira, puis tendit l'oreille pour entendre la douce voix joyeuse de maman.

Mais, ce matin-là, point d'odeur de chocolat chaud, point de pain grillé, point de bisous sur la joue et point de maman dans la cuisine.

Et, surtout, pas de réveil du village. Le micro était éteint, le manteau de maman, toujours sur la chaise, et la fleur bleue paraissait presque fanée…

Maman était encore au lit…

Titome entrouvrit la porte de la chambre de ses parents et y trouva sa maman, les yeux mi-clos :

– Ça va, maman ? Qu'est-ce que tu as ?

– Je suis si fatiguée, j'ai dû attraper un gros rhume, ne t'inquiète pas.

Elle parlait si bas que Titome peinait à l'entendre. Elle regardait son fils si tristement que Titome avait l'impression qu'elle ne le voyait pas vraiment.

En quittant la maison, il se rassura en songeant qu'un rhume, ça ne durait que quelques jours et que sa maman allait guérir vite ; pour ça, il serait le plus gentil géant du monde et la gâterait.

Il était tout de même inquiet pour son costume, pour la recette, bref, pour le tournoi, mais il se disait qu'il n'avait pas le droit d'en vouloir à maman, car ce n'était pas sa faute et cela arrivait à tout le monde d'être malade.

Dans le village, ce jour-là, les géants étaient grognons, car ils n'avaient pas eu leur réveil habituel avec la radio de maman. Certains jetèrent même des regards noirs et furieux à Titome, qui baissa les yeux en arrivant à l'école.

Le soir, quand la cloche sonna, il se précipita vers la maison avec dans son cartable un A en mathématiques et un A en histoire des géants, un beau dessin pour maman et un bouquet de fleurs coupées dans le champ voisin.

Mais, à son arrivée, maman était toujours au lit.

Au bout d'une semaine, Titome trouva ce rhume vraiment inquiétant. Il faisait pourtant tout ce qu'il pouvait pour guérir maman. Il lui apportait son repas, lui lisait des histoires, la couvrait de bisous, lui donnait des fleurs… Mais elle paraissait toujours fatiguée et si triste. Titome se demanda s'il n'avait pas fait quelque chose de grave qui aurait pu la rendre comme ça. Il cherchait et cherchait et ne comprenait pas.

Un soir, il décida de questionner papa :

– Qu'est-ce qu'elle a, maman ? Elle ne m'aime plus, elle veut changer de famille ?

Papa le prit sur ses genoux et le serra très fort. Titome eut l'impression que des larmes brisaient la voix de papa quand celui-ci lui répondit :

– Elle va guérir vite, il faut qu'elle se repose.

Titome avait complètement abandonné l'idée du tournoi et préférait d'ailleurs ne plus y penser, car souvent il se mettait en colère contre maman : comment pouvait-elle lui faire ça, alors qu'il attendait ce tournoi depuis le printemps dernier ? Puis, après sa colère, il se sentait très mal d'avoir eu ce genre de pensées contre sa maman…

Pendant les jours suivants, maman sortit parfois de sa chambre et participa au repas. Mais, lorsqu'on lui parlait, elle regardait dans le vide, soupirait et répondait à côté.

Elle était vite agacée et, quand il y avait trop de bruits, elle quittait la table et allait s'asseoir dans son grand fauteuil, devant la cheminée, et regardait les flammes, les yeux brillants.

Titome trouvait qu'elle ne faisait aucun effort. Lui, il devait se lever tous les jours, s'habiller, se coiffer, se laver. Tandis qu'elle passait son temps au lit, dans son pyjama, les cheveux défaits. C'était injuste.

À l'école, il n'avait plus la tête à jouer ni à rire avec les autres, qui ne parlaient que du tournoi, de toute façon. Alors il restait seul en récréation et pensait à sa maman.

Papa l'emmenait pourtant tous les soirs s'entraîner pour l'épreuve d'escalade de nuages, mais il n'était pas vraiment concentré et avait même chuté deux fois…

Madame Gigote, la maîtresse d'école, observait Titome depuis quelques jours et savait que quelque chose clochait. D'autant plus que sa maman ne faisait plus le réveil à la radio du matin… Lorsque, ce jour-là, elle lui demanda s'il voulait lui parler, il lui confia tout : le rhume interminable de maman, papa qui faisait comme si de rien n'était, alors que Titome voyait bien que rien n'était comme avant. Il lui raconta également combien il était inquiet, mais aussi fâché que sa maman lui gâche son tournoi… Après avoir écouté silencieusement Titome, madame Gigote lui proposa d'aller parler à son papa.

À la maison, madame Gigote expliqua à papa que, depuis plusieurs jours maintenant, Titome était triste, n'écoutait plus en classe et ne jouait plus, et surtout qu'il s'inquiétait pour maman.

– Il serait bien de lui exposer vraiment ce qui arrive, ajouta-t-elle.

À ce moment-là, la porte de la chambre des parents s'entrouvrit et maman apparut dans la cuisine :

– Je vais tout lui dire.

Maman raconta ainsi à Titome qu'il y a fort longtemps, elle avait déjà eu le même problème de fatigue et de tristesse, et que ce n'était pas dû à un rhume, mais à une maladie dans le cerveau. Celui-ci, pendant un temps, fonctionnait comme au ralenti.

Ce ralentissement provoquait de la fatigue, une perte du goût des choses, des pensées tristes qui venaient toutes seules. C'était comme un ballon qui se dégonflait petit à petit, qui perdait son air…

Maman pleurait silencieusement tout en expliquant calmement à son fils ce qui lui arrivait. Elle semblait soulagée.

– Une chose est sûre, ajouta-t-elle, personne n'est responsable de cela, ni moi ni toi, et tu ne peux pas me guérir tout seul. Maman va régulièrement voir le Sage Géant, quand tu es à l'école, et il l'aide beaucoup en l'écoutant et en lui donnant des potions qui la soignent. Et, surtout, maman t'aime toujours et t'aimera toujours.

Tout à coup, Titome se sentit rassuré. Ainsi, maman n'était pas fâchée contre lui, pas déçue de lui, et elle l'aimait toujours.

Elle était malade, c'est sûr, mais le Sage Géant s'occupait bien d'elle…

Madame Gigote sortit de son silence et proposa à maman et à Titome de les aider à coudre le costume pour le tournoi, qui aurait lieu dans deux jours.

Maman prêta à Titome son livre où figurait la recette secrète de la fabuleuse soupe à la citrouille. Titome était très fier de la confiance que maman lui avait témoignée en ce jour : elle lui avait confié deux secrets, celui de sa maladie et celui de sa recette.

Le jour du tournoi arriva et tout était prêt pour Titome, le travail d'équipe avec madame Gigote ayant bien fonctionné.

Titome enfila son magnifique costume et alla frapper à la porte de sa maman.

Il lui sembla que son regard était plus pétillant et plus joyeux.

– Tu es si beau, mon Titome ! Je suis fière de toi, tu es mon petit champion ! Fais de ton mieux et aie du plaisir… Et, surtout, n'oublie pas que je t'aime.

Arrivé à l'arène du tournoi, il fut tout à coup impressionné par les bruits de la foule, les costumes flamboyants des autres concurrents, les banderoles d'encouragement des familles et amis…

Son cœur battait si fort dans sa poitrine qu'il ne semblait plus très sûr d'être vraiment prêt.

Il chercha son père des yeux mais ne le trouva pas tout de suite : lorsqu'il le vit enfin, en haut de l'escalier, ce n'est pas lui qu'il regarda. C'était sa maman qui lui souriait, vêtue de son joli manteau coloré et de sa belle robe bleue…

La dépression, c'est quoi?

Le trouble dépressif majeur est caractérisé par une période assez longue (au moins deux semaines) pendant laquelle une personne se sent triste ou désespérée, ou manque de concentration, pratiquement de façon quotidienne, pendant la plus grande partie de la journée. Cet état présente de nombreux autres symptômes qui peuvent avoir des répercussions sur les plans émotionnel, social et professionnel, et dans d'autres domaines importants de la vie.

On retrouve des symptômes émotionnels comme le sentiment de tristesse, d'être désespéré, d'avoir peu d'intérêt pour des choses jadis appréciées, le sentiment de se sentir submergé, de ne plus se reconnaître, l'impression que la vie ne mérite pas d'être vécue, le sentiment de culpabilité…

L'incidence de la dépression n'est pas toujours « mentale ». Celle-ci peut également avoir des effets sur le corps. Les personnes qui souffrent de dépression peuvent se plaindre de maux et de douleurs inexpliqués : manque d'énergie, impression de fonctionner au ralenti, perte d'appétit, difficulté à contrôler son poids, douleurs diffuses, maux d'estomac, réveils nocturnes et difficultés d'endormissement, réveils précoces le matin.

Lorsqu'une personne souffre de dépression, il se peut qu'elle se comporte différemment. Une personne joyeuse et pleine d'entrain peut devenir lente et manquer d'intérêt pour ce qui se passe autour d'elle, avoir tendance à rester couchée, de la difficulté à prendre soin d'elle…

La dépression peut également diminuer notre capacité à réfléchir et peut nuire à notre mémoire, à notre capacité de prendre des décisions, causer des troubles de concentration, une pensée ralentie.

La prise en charge repose sur la médication (le plus souvent des antidépresseurs en cas de dépression majeure) et la psychothérapie. Une psychoéducation centrée sur l'hygiène de vie (routine stable, sommeil, alimentation) est aussi recommandée. Dans des cas de risque autoagressif, une hospitalisation pourrait être nécessaire.

Léattention

(le trouble anxieux généralisé)

Il était une fois, dans le pays des fées bleues, une petite fée âgée de douze ans qui s'appelait Léattention.

Drôle de nom, tu ne trouves pas ? Eh bien, elle aussi se demandait pourquoi sa maman l'appelait comme ça et comment elle avait bien pu lui trouver un nom pareil. Elle n'avait jamais osé lui poser la question.

Parfois on l'appelait Léa, mais maman, elle, l'appelait par son nom en entier : Léattention. Elle l'appelait comme cela du matin au soir.

Quand elle traversait les gouttes de pluie à toute vitesse, les faisait éclater et éclaboussait tout, Léa entendait maman hurler :

– Léattention, tu en mets partout.

Quand elle volait très vite dans la forêt pour faire la course avec les colibris et s'agrippait aux branches d'arbre, maman la rattrapait par une aile en lui disant :

– Léattention, tu vas te blesser.

Quand elle essayait de couper des feuilles de palmier pour en faire un abri, maman le lui interdisait en lui disant :

– Léattention, tu vas te couper.

Tous les jours, depuis qu'elle était bébé, elle entendait ce prénom ridicule. Tu te demandes comment elle pouvait savoir cela ?

Léattention avait regardé dans une goutte de rosée photomagique. C'était comme un album de photos. Elle fermait les yeux et demandait : « Je veux me voir bébé », et la gouttelette d'eau lui montrait des photographies et des vidéos. C'est comme cela qu'en regardant le film de ses premiers vols de fée, elle avait entendu maman crier :

– Léattention, tu vas tomber.

Elle regardait encore et encore ce film et se concentrait sur le visage de sa maman. Il était tout tendu, tout crispé, pas souriant. Maman avait l'air d'avoir très peur, elle paraissait stressée. Comme tous les jours, en fait.

Ce n'était pas drôle, la vie avec maman, on ne pouvait vraiment rien faire. Elle voyait le risque partout, elle avait peur de tout. C'était maman la peureuse, disait parfois Léattention en riant, mais cela ne faisait pas rire maman du tout, ça la rendait très triste…

Mais un dimouche (c'est le dimanche des fées) où pépé Roger était venu leur rendre visite, Léattention découvrit une chose bien curieuse.

Elle adorait son pépé Roger, il était le plus courageux du village et le plus respecté. Il marchait avec une tige de fleur, car une de ses ailes avait été brisée pendant la première guerre des fées contre les ogres.

Ce dimouche-là, donc, alors qu'il se relevait difficilement, maman se précipita en hurlant : « Papittention ! » Et, le lendemain, alors que papa volait à la cime de leur arbre-maison pour réparer une branche, maman courut en disant : « Thomattention ! »

Mais quelle était donc cette habitude bizarre de maman de donner ces noms ridicules aux autres ?

Dans ces moments-là, elle semblait si tendue, si nerveuse, elle avait les ailes moites, glissantes, elle tremblait, comme si elle avait peur... Il lui arrivait même d'avoir la voix qui changeait, comme si elle avait une boule de coton dans la gorge... D'autres fois, elle respirait vite et avait l'air si mal à l'aise qu'il fallait qu'elle s'asseye ou qu'elle s'allonge dans une feuille de palmier. Maman n'aimait pas trop sortir ni faire les courses au magasin général Féetoutpourlamaison ou aller chez des amis. Léattention était parfois fâchée contre sa maman, car, à cause d'elle, on ne sortait pas beaucoup, on ne pouvait pas faire des choses rigolotes, maman trouvant cela trop dangereux...

Cela arrivait souvent, et partout, même dehors, ce qui était embarrassant car tout le monde regardait sa maman, et Léattention en était gênée. Surtout, elle ne comprenait pas du tout ce qui arrivait et ce qu'elle pouvait faire pour aider sa maman.

Maman avait donc peur, presque tout le temps, et cela inquiétait de plus en plus Léattention. Si une grande personne s'inquiétait, ce n'était pas sans raison. Donc Léattention commençait aussi à se dire qu'elle devait être très prudente et se méfier du monde autour… sans comprendre vraiment pourquoi. Peut-être maman savait-elle que des ogres allaient venir les envahir, peut-être avait-elle peur, car Léattention était une grosse maladroite. Peut-être, en effet, était-ce la faute de Léattention.

Oui, Léattention en était presque sûre, elle était responsable de tout cela. La preuve : dans la journée, maman était parfois très souriante et joyeuse, mais souvent aussi énervée et irritée, et Léattention avait toujours l'impression d'avoir fait quelque chose de mal. Elle lui offrait pourtant toujours de beaux dessins, avait de bonnes notes à l'école, mais maman semblait sans cesse inquiète, et ailleurs, se rongeant le bout des ailes…

Quand Léattention lui demandait ce qui arrivait à maman, papa lui répondait toujours :

– Ne te fais pas de soucis, c'est juste que maman se fait trop de soucis.

Ce soir-là, après une autre réponse identique de papa, la jeune fée décida d'aller chercher quelque chose qui pourrait la renseigner sur ce fameux souci.

Elle prit le gros dictionnaire tout poussiéreux de pépé Roger. Elle adorait ce dictionnaire, car, quand on l'ouvrait, toutes les lettres étaient mélangées. Il fallait dire la formule magique « Vocabulus » pour que toutes les lettres et les mots bougent. C'était drôle de les regarder se mettre en ordre, car, parfois, ils se cognaient et cela faisait beaucoup rire Léattention. Pour être honnête, cela la détendait, alors elle l'ouvrait souvent pour se changer les idées. Mais, cette fois, elle avait une mission, alors elle dit plutôt : « Vocabulus Rapidus » pour ne pas perdre de temps. Elle trouva rapidement le mot « souci ». Une image de papillon couleur jaune citron accompagnait le mot. « Les soucis ont un vol très rapide et ils se posent toujours ailes fermées. »

Maman avait trop de papillons jaunes qui volaient vite ? Léattention ne comprenait pas du tout ce que cela signifiait et continua ses recherches.

Dans l'image suivante, elle trouva une fleur jaune orangé, comme une marguerite, qui lui faisait penser à un beau soleil. Quel était le rapport entre sa maman et une fleur jaune soleil ? Léa lut alors « avoir des soucis », « avoir des inquiétudes, des préoccupations ». C'étaient des mots bien compliqués pour expliquer un mot compliqué ! Les adultes n'étaient vraiment pas faciles ! Elle referma le livre brutalement et quelques lettres apeurées en tombèrent sans que Léattention se retourne, trop fâchée. Elle regagna la cuisine et entendit ses parents qui chuchotaient :

– Que t'a dit le docteur Fétamine, hier ? A-t-il changé ta poudre ?

Mais ils s'interrompirent rapidement en apercevant Léattention, l'oreille collée à la porte.

Cette nuit-là, Léattention prit la résolution d'aller faire des recherches dans le bureau de papa pour savoir qui était ce docteur Fétamine qui donnait de la poudre à maman. Et pourquoi, d'ailleurs ?

Quand toute la maison fut endormie, elle se glissa en pyjama, avec sa petite veilleuse, dans le couloir qui menait au bureau et ouvrit la porte, qui grinça. Elle s'immobilisa et entra dans le bureau sombre, pas très rassurée. Elle n'eut pas à chercher longtemps et trouva une carte multicolore sur le bureau. C'était une carte magique, mais Léattention en avait déjà vu et prononça le mot « Cartus ». Le nom du docteur Fétamine apparut, ainsi qu'un rendez-vous pour la semaine suivante, pour sa maman.

Elle recopia l'adresse du docteur et retourna à sa chambre. Elle prit son plus beau papier à lettres et commença à écrire au docteur Fétamine, expliquant la situation de sa maman.

Elle posta la petite enveloppe rose dans la tige de la fleur aux lettres et attendit. Attendit. Attendit.

Un matin, au bout d'une semaine, maman lui demanda de se préparer pour aller voir un docteur. Un docteur ? Mais Léattention n'était pas malade et elle détestait les docteurs ! Maman la rassura en lui expliquant que papa viendrait avec elles et que ce n'était pas pour elle, mais pour discuter en famille.

Cela lui paraissait bien étrange et inquiétant. Le trajet à dos de scarabée fut bien silencieux, jusqu'à ce que papa se gare devant un petit arbre où une pancarte noir et doré affichait le nom du docteur.

Le docteur Fétamine était un grand monsieur avec une longue moustache, des cheveux tout gris et des ailes gigantesques. Léattention songea qu'il devait être très vieux !

La petite fée et ses parents prirent place devant le docteur, qui s'adressa tout de suite à Léattention :

– J'ai reçu ta lettre, ma petite Léa, et nous avons pensé qu'il serait important de t'expliquer ce qui se passe. Je connais bien ce qui arrive à ta maman. C'est la maladie des soucis…

Léattention interrompit le docteur, agacée, ses ailes de fée frémissant de fureur. Elle cria qu'elle n'en pouvait plus de ces adultes cachottiers, menteurs ou qui disaient des mots compliqués. Elle hurla qu'elle détestait sa maman, que c'était la plus ennuyeuse des mères, une vraie peureuse, et qu'elle aurait voulu changer de famille. Elle baissa la tête, honteuse de ce qu'elle venait de dire, et sentit l'aile soyeuse de maman lui redresser le menton.

– Je comprends ta colère, ma Léa, mais écoute-moi.

Encore prise dans son émotion, Léattention ne remarqua même pas que maman l'avait appelée Léa.

Maman poursuivit :

– Tu entendras souvent parler d'anxiété généralisée, car je m'inquiète beaucoup et partout. Je crains qu'il se passe quelque chose, des catastrophes, des dangers qui n'existent pas, ou pas comme je les imagine.

« Quand je suis très inquiète, tout mon corps peut réagir, comme quand toi, tu as peur. Il m'arrive de trembler, de transpirer, de sursauter ; c'est très désagréable pour moi que mon corps soit toujours en alerte comme ça face à un danger qui n'existe que dans ma tête.

« Cela n'a rien à voir avec le fait que je serais une peureuse ou pas courageuse, c'est une maladie dans mon cerveau, qui se guérit avec l'aide de médecins comme docteur Fétamine et parfois de poudres, pour aider le cerveau à être moins inquiet et pour qu'il se fasse moins d'idées catastrophe, moins de soucis !

« Tu ne pourras pas me guérir toute seule ; maman est déjà bien soutenue par ton papa et par le docteur.

« Toi, de ton côté, tu dois continuer à faire des choses que tu aimes, même certaines choses que je n'aime pas faire ! Fais-les avec ton papa ! Tu dois surtout continuer à jouer avec tes amis, à partager plein de jolies choses avec eux, même à faire des petites bêtises ! »

Léa était à la fois soulagée et un peu perdue par toutes ces informations !

Sa maman lui souria, les yeux remplis de larmes, et lui dit :

– Surtout, n'oublie jamais que je t'aime, ma Léa.

Papa se leva et ouvrit ses ailes pour les câliner toutes les deux. Dans son mouvement, il accrocha la lampe de bureau du docteur Fétamine, qui bascula.

– Papattenti…, commencèrent en chœur maman et Léa.

Mais Léa reprit :

– Fais attention, mon papa maladroit !

Et tous se mirent à rire.

Le trouble anxieux généralisé (TAG), c'est quoi?

Le TAG se caractérise par des soucis excessifs (attente avec appréhension) pour un certain nombre d'événements ou d'activités comme le travail ou les performances scolaires.

Ces ruminations anxieuses doivent durer depuis au moins six mois pour être considérées comme pathologiques. La personne atteinte éprouve de la difficulté à contrôler cette préoccupation et peut présenter de l'agitation ou la sensation d'être survoltée ou à bout, une fatigabilité, une difficulté de concentration ou de mémoire, une irritabilité, une tension musculaire, une perturbation du sommeil (difficultés d'endormissement ou sommeil interrompu ou sommeil agité et non satisfaisant).

Cela entraîne un bouleversement du fonctionnement social, familial et professionnel. Il ne s'agit pas juste de « petits tracas quotidiens », mais d'une rumination quasi permanente, de craintes et de scénarios catastrophe, pour toute situation, même des situations irréelles.

Le traitement est basé sur la psychothérapie et, dans le cas de troubles très envahissants, sur la médication.

Amandine, princesse de Bipole

(la maladie bipolaire)

Il était une fois, il y a très très longtemps, dans un pays très très éloigné, la princesse Amandine, fille de Paul et Victoria, roi et reine du royaume de Bipole. Le royaume était si ancien que plus personne ne savait pourquoi il s'appelait ainsi, mais tous y vivaient depuis toujours, et plus personne ne se posait de questions sur certaines choses, d'ailleurs… On vivait au royaume et on aimait le roi et la reine, ainsi que leur petite princesse, future grande reine du palais.

Le royaume vivait au rythme des humeurs du roi, qui régnait sur la météo.

Le roi avait, dans son bureau, une machine à météo magique, qu'il devait activer chaque jour pour faire la pluie ou le beau temps.

Malheureusement, le roi était parfois si triste qu'il n'avait plus le goût de se lever de son lit et d'activer la boîte magique… alors que lui seul détenait la clé pour l'ouvrir. Elle lui avait été transmise par son père, et son père l'avait reçue de son père, et ainsi de suite depuis la nuit des temps…

Ainsi, les jours de profonde tristesse, le royaume et le palais étaient recouverts de neige, de glace et de froid, même en été !

Cela pouvait survenir n'importe quand et durer longtemps, des jours, des semaines ou des mois, même, sans que personne puisse y comprendre ni y faire quoi que ce soit…

Amandine mettait pourtant beaucoup d'énergie à rendre son père heureux. Elle lui inventait des histoires drôles, mais son père l'observait en lui souriant tristement, comme s'il ne la voyait pas vraiment. Elle lui faisait des spectacles d'ombres chinoises, mais il soupirait et regardait dans le vide. Elle rapportait des bonnes notes de l'école des princes et princesses, mais le roi Paul restait désespérément triste et Amandine se sentait impuissante et incapable de le faire sourire… Peut-être avait-elle fait quelque chose de mal, une bêtise ? Et s'il avait mal pris le fait qu'elle avait caché ses souliers avant le grand bal ? Chaque fois, elle cherchait des solutions et des explications, mais en vain… En plus, sa maman paraissait aussi préoccupée par l'état de papa Paul. Amandine aurait voulu lui parler, mais elle ne souhaitait pas l'inquiéter davantage.

Et puis, un jour, on ne savait pas quand ni pourquoi, le roi se levait enfin et Amandine, en ouvrant les rideaux, découvrait que papa avait actionné la boîte magique. La neige avait disparu et le royaume entier était recouvert d'un tapis d'herbes vertes et de fleurs printanières… Son papa l'attendait, debout et souriant à la table royale, dévorant son petit-déjeuner.

– Comment vas-tu, princesse ? lui demandait-il alors en la prenant sur ses genoux.

Elle retrouvait son petit papa et n'osait pas lui demander à son tour comment il allait. Elle savait alors que tout redevenait normal, comme avant, mais elle ne savait jamais combien de temps cela pouvait durer.

Les sujets donnaient une grande fête pour le retour du « bon temps du roi » et tout le royaume était rempli de chants, de rire, de musique et de couleurs.

Cela continuait des semaines, des mois, parfois une année… sans que le roi se recouche sous le coup de la tristesse et que la neige tombe.

Puis, un jour, soudainement, alors que le beau temps était là, Amandine était réveillée par de drôles de bruits, au petit matin. Elle connaissait ces bruits et savait trop bien ce qu'ils signifiaient…

En rejoignant la salle de repas, elle y trouvait son père, agenouillé, qui riait, riait, riait si fort que le royaume entier pouvait entendre les rires du roi trop heureux. Ce matin-là, il était déguisé en pirate et paraissait aussi joyeux qu'un enfant.

La météo du royaume passait alors d'un printemps doux à un été chaud, et le soleil devenait tellement éclatant et brûlant qu'on ne pouvait plus sortir dehors. Les jolies fleurs étaient brûlées, la terre, craquelée par manque de pluie, les animaux assoiffés cherchaient des ruisseaux, tous taris. La lumière était si aveuglante qu'on ne sortait que lorsque le soleil se couchait… mais, dans ces périodes-là, le soleil ne se couchait plus que rarement, comme s'il n'avait plus besoin de dormir. Comme papa Paul…

Dans ce cas-là encore, il ne pouvait plus prendre de décisions, et ses ministres ne lui demandaient plus son avis, car il n'avait en tête que de s'amuser, de construire un plus gros château, des maisons pour tous les sujets du royaume, de faire la guerre « juste pour rire » avec le royaume voisin.

Amandine le trouvait si joyeux, si rigolo dans ces moments-là, si heureux, mais tellement heureux qu'il changeait d'idée tout le temps, parlait trop vite et avait mille idées à la fois... et il n'avait plus le temps de s'occuper de sa fille adorée.

Comme Amandine, la reine et tout le royaume retenaient leur souffle chaque matin, avant de découvrir la météo du roi...

Amandine se demandait parfois si tous les papas-rois du monde étaient comme cela, et souvent elle se sentait triste et découragée, honteuse même lorsque son père apparaissait devant tous ses sujets dans une tenue bizarre ou en parlant si vite que personne ne le comprenait vraiment.

Souvent, à l'école des princes et princesses, elle observait les autres parents. Elle regardait avec envie Francine, la princesse du royaume Dacôté, accompagnée par son père le roi Alphonse, qui avait l'air si souriant, si calme et si... normal.

Francine n'était plus son amie depuis l'an dernier, lorsqu'elle lui avait dit que tout le monde riait de son père et l'appelait le roi Toutfou... Cela avait rendu Amandine très triste, et tous les apprentis rois et reines avaient soit ri, soit baissé les yeux, et personne ne l'avait défendue.

C'est vrai qu'il était bizarre, son papa Paul, trop triste ou trop joyeux, mais elle n'y comprenait rien de rien et ne pouvait en parler à personne.

Un jour où elle était à la bibliothèque tandis que tous les autres jouaient ensemble, son attention fut attirée par un gros livre vert et doré qu'elle n'avait jamais vu auparavant. Le titre du livre était *Rois et reines du pays de Bipole, histoire d'un royaume*, écrit par un certain docteur R., conseiller sage du royaume.

Amandine eut l'impression que quelqu'un l'observait derrière elle et une voix rauque et tremblante la fit sursauter :

– Tu y trouveras toutes les réponses à tes questions...

C'était le vieux Raymond, le bibliothécaire, qui avait plusieurs fois cent ans, disait-on. On prétendait surtout qu'il était un peu foufou. Mais il répétait que chacun était le fou de quelqu'un, ce qui faisait sourire Amandine.

La princesse s'empara du livre lourd et poussiéreux et, une fois au palais, s'enferma à double tour dans sa chambre pour le feuilleter, tandis qu'elle entendait résonner les rires et chants joyeux de son père.

Le docteur R. y racontait l'histoire du roi François, tout premier roi du royaume Kinavaitpasdenom. Docteur R avait été le médecin personnel du roi François, spécialiste des humeurs et de la météo des gens. On était venu le chercher de très très loin lorsque, pour la première fois, le pays avait été subitement recouvert de neige, car le roi François ne pouvait plus activer la boîte magique tant il était triste et fatigué. Personne ne comprenait pourquoi.

Docteur R. décrivait comment les changements d'humeur du roi François étaient provoqués par une maladie qui se trouvait dans la tête, à un endroit nommé cerveau. Il l'appela maladie bipolaire, car le royaume se trouvait tantôt gelé comme au pôle Nord, tantôt brûlé comme dans les régions tropicales du Sud…

Il parlait aussi des princes et princesses, fils et filles du roi François, qu'il avait reçus dans son cabinet de conseiller pour leur expliquer quelle était la maladie du roi.

Il leur avait appris comment la maladie fonctionnait, avec ses hauts et ses bas, leur avait dit que cette maladie n'était pas contagieuse et qu'on pouvait continuer à se faire des câlins.

Il leur avait surtout bien expliqué que ni le roi ni personne n'était responsable de cette maladie et qu'eux, les princes et princesses, ne pouvaient pas guérir tout seuls leur papa. Ils n'étaient pas responsables de lui, mais ils devaient continuer à apprendre le métier de roi et reine, à aller à l'école des princes et princesses, à rire et s'amuser, et à faire des petites bêtises aussi, pourquoi pas !

Le docteur avait beaucoup discuté avec le roi François et avait fini par lui proposer la pierre de Lithe, qu'il avait fait fondre dans un chaudron et que le roi François buvait chaque matin. Et cette pierre de Lithe ainsi que les discussions du docteur R. avaient permis au roi François de se stabiliser. Le bonheur de tous était tel qu'on décida de rebaptiser le royaume : le royaume de Bipole.

Pendant toute sa vie de conseiller, le docteur R. reçut les princes et princesses chaque semaine pour discuter de leur papa et répondre à leurs questions lorsqu'ils étaient inquiets. Il était devenu tellement proche d'eux qu'ils finirent par l'appeler oncle Raymond. Raymond… Comme le vieux bibliothécaire ?

Quelques jours après cette lecture, lorsque Amandine ouvrit les rideaux à l'aurore, le printemps était revenu, les fleurs et l'herbe aussi… Son père était déjà assis à sa table des conseillers. Tranquille, il souriait.

– Comment vas-tu, ma belle princesse ? lui demanda-t-il calmement.

Elle se précipita vers son père en lui murmurant :

– Je sais tout, papa, du royaume, le royaume de Bipole. J'ai une idée, une solution, il faut que nous allions voir le docteur Raymond.

Papa Paul connaissait bien le vieux fou qu'était Raymond et n'avait jamais voulu le recevoir quand celui-ci lui avait assuré qu'il était au courant de sa maladie, mais surtout qu'il possédait un traitement. Le roi Paul avait envoyé son conseiller répondre qu'il n'avait point de maladie et que Bipole avait toujours vécu au gré de ses humeurs et de sa météo…

Lorsque Amandine eut fini son récit, papa Paul avait les larmes aux yeux.

Il accepta de recevoir monsieur Raymond, qui redevint docteur R., médecin conseiller des humeurs et de la météo du roi. Chaque matin, le roi Paul prenait sa pierre de Lithe en sirop…

À partir de ce moment, le royaume se transforma peu à peu en un royaume avec des saisons, chacune appréciée et prévue, attendue en fonction du calendrier.

Hiver enneigé, printemps doux et lumineux, été chaud et rassurant, et automne humide mais coloré…

Parfois, le roi oubliait d'activer la boîte magique pour quelques jours ou l'activait trop dans la journée. Cela faisait aussi partie du caractère et de l'originalité de notre bon roi Paul.

Amandine comprit qu'il fallait parler de ses secrets, de ses inquiétudes, lesquels nous rendent malheureux si on les garde pour soi. Si on en parlait avec un autre, celui-ci pourrait nous aider. Il fallait juste trouver la bonne personne et lui faire confiance.

Amandine décida d'étudier fort pour comprendre les humeurs et la météo des rois et reines, et devenir, un jour, conseillère comme son vieil oncle Raymond.

La maladie bipolaire, c'est quoi?

La maladie bipolaire est aussi appelée parfois psychose maniacodépressive. Elle est caractérisée par des dérèglements de l'humeur se manifestant par des phases tant de dépression que d'excitation (manie). Ces phases peuvent être d'intensité variable et entrecoupées de périodes de stabilité.

Ces changements d'humeur sont différents des périodes de bonheur, de tristesse, d'excitation qu'on retrouve chez tout un chacun. Ici, les changements sont intenses, hors de proportion. Ils sont tels que la personne atteinte ne réalise pas son état d'excitation et se sent invincible, extrêmement en forme, toute-puissante, mégalomaniaque. À l'inverse, en dépression, elle souffre tellement qu'elle en est paralysée, hantée par des idées suicidaires. Cet état crée des problèmes avec la famille, au travail, des soucis financiers (en phase maniaque d'excitation, les patients peuvent faire des dépenses inconsidérées). La maladie peut conduire à l'hospitalisation.

En phase dépressive, on retrouve classiquement:

- un sentiment de tristesse, une humeur dépressive pratiquement toute la journée, presque tous les jours et pendant au moins deux semaines;

– une perte d'énergie et une fatigue, une perte d'intérêt et de plaisir ;

– une irritabilité et de l'agressivité brusque ;

– des troubles du sommeil comme l'insomnie ou, au contraire, l'hypersomnie ;

– des troubles de l'appétit avec une perte ou un gain de poids ;

– un ralentissement global (dit psychomoteur) avec difficulté de penser, de se concentrer, parfois représenté par des gestes ralentis, un visage peu expressif ;

– un fort sentiment de culpabilité, accompagné parfois d'idées suicidaires ;

– un repli sur soi, un retrait social.

En phase de manie, on retrouve à l'inverse :

– une estime de soi augmentée ou des idées de grandeur (mégalomanie) ;

– une énergie débordante et un bonheur intense ou une irritabilité excessive, comme si la personne bouillonnait, tel un tourbillon d'énergie ;

– une diminution du besoin de sommeil, de l'appétit ;

– un débit de paroles accéléré ou un besoin de parler sans arrêt, mais avec un trop-plein d'idées qui n'ont pas de lien (coq-à-l'âne) et une pensée trop rapide ;

- une concentration difficile et des idées qui fusent, empêchant la personne atteinte de fixer son attention;
- une recrudescence de l'activité au plan social, professionnel ou scolaire;
- une recherche excessive de plaisir avec mise en danger possible (achats inconsidérés, prise de risque);
- une pensée accélérée et éparpillée, telle qu'on peut voir apparaître des idées délirantes.

La prise en charge repose sur des stabilisateurs de l'humeur qui la maintiennent à un niveau adéquat. Souvent, les personnes qui souffrent de maladie bipolaire ont recours à un traitement médicamenteux pendant des années, et parfois toute leur vie.

La psychoéducation est également essentielle dans la prise en charge. Le but est de développer des stratégies d'adaptation ou de prévenir les épisodes de manie en régulant le sommeil, l'alimentation et la pratique d'activités physiques. Bref, de préserver une hygiène de vie saine et une routine régulière. Il s'agit aussi d'apprendre à repérer les signes précurseurs d'une phase.

Dans les cas de dépression majeure avec risque suicidaire actif notamment, ou de manie, une hospitalisation est nécessaire dans la phase la plus aiguë pour régulariser l'humeur.

Nine ou la vie orageuse

(le trouble de la personnalité limite)

Il était une fois, loin, très loin dans la jungle, deux petits lionceaux jumeaux, Polo et Maggie, qui vivaient avec leur papa et leur maman, la grande Nine.

Ils vivaient tous les quatre seuls dans la jungle, car maman avait été chassée du clan des lions, il y a fort longtemps, après une grave dispute avec les lions et lionnes. Le clan avait décidé de bannir Nine alors que les petits étaient déjà dans son ventre.

Elle était si fière et orgueilleuse qu'elle ne voulait plus entendre parler du clan, jamais, et il ne fallait plus lui demander comment étaient leurs grands-parents, oncles et tantes lions sous peine de la voir se fâcher et rugir si fort que la terre en tremblait.

– Ils m'ont fait trop de mal, ne cessait-elle de répéter.

Les jumeaux, sans les connaître, étaient très fâchés contre tous ces lions qui avaient fait tant de mal à leur maman. Ils étaient mieux tout seuls, de toute façon. Leur petit clan de quatre était solide et rien ne pouvait les séparer.

Ce n'était pas tous les jours facile, non, car Nine rugissait parfois très fort contre eux, sans qu'ils comprennent toujours pourquoi. Et elle rugissait aussi contre leur papa, qui ne répondait pas, mais se contentait de dire que, depuis la nuit des temps, les lionnes étaient les chefs des clans…

À l'occasion, les jumeaux passaient la journée à apprendre à chasser avec maman. Elle leur montrait comment guetter une proie en les entraînant à approcher des papillons ! C'était tellement rigolo qu'ils pouvaient y passer des heures ! Après ça, elle les attrapait chacun par la peau du cou et courait très très vite, sautant par-dessus les arbres couchés, les petits ruisseaux. Cela leur faisait peur, très peur même, mais ça faisait tellement rire maman Nine, et rugir de plaisir ! Elle les léchait de la tête aux pieds ces soirs-là en leur répétant :

– Surtout, n'oubliez jamais que je vous aime.

Et puis, un matin, elle leur disait qu'il allait leur falloir se débrouiller tout seuls, qu'aujourd'hui elle partait dans la jungle, qu'elle ne voulait pas les voir, qu'elle était mieux toute seule et que sans doute eux aussi seraient mieux sans elle... Parfois, elle était tellement fâchée que ses yeux lançaient des éclairs ; elle montrait ses crocs luisants et les petits croyaient qu'elle pouvait les mordre...

Elle rugissait si fort que tous les oiseaux paisibles aux alentours s'envolaient subitement et tous les macaques dans les arbres devenaient silencieux comme s'ils attendaient qu'un orage passe. C'était comme si, tout à coup, Nine oubliait qu'elle était leur maman, comme si elle ne les aimait plus et qu'elle aurait préféré d'autres lionceaux plus beaux, plus courageux ou plus débrouillards, pensaient Polo et Maggie.

Et papa, dans ces cas-là, attendait que la tempête passe ou se fâchait aussi, ce qui entraînait une grosse dispute... Alors Polo et Maggie ne savaient plus trop quoi faire et se sauvaient, pour essayer d'aller chasser quelque chose qui ferait plaisir à leur maman et la calmerait peut-être.

C'est vrai qu'ils n'étaient pas toujours sages et qu'ils faisaient des bêtises, comme quand, l'autre jour, ils avaient voulu traverser la forêt interdite. Maman Nine avait été tellement furieuse qu'elle

était partie toute la nuit chasser et les avait laissés tout seuls, avec papa qui ronflait... Elle faisait ça, parfois, et disait même qu'ils seraient débarrassés d'elle si elle allait se battre contre les hyènes. Les jumeaux avaient si peur que, la nuit, ils se réveillaient et vérifiaient si elle était toujours couchée près d'eux. À l'occasion, c'est elle qui les réveillait en rugissant dans son sommeil, comme si elle faisait des mauvais rêves, comme si elle pleurait aussi...

Polo et Maggie pensaient que toutes les mamans étaient comme ça, car ils n'en connaissaient pas d'autres. Et, quand ils croisaient quelqu'un, maman disait de se méfier et de ne parler à personne.

C'était un matin d'orage chez Nine, qui était fâchée depuis la veille, car la chasse avait été mauvaise et elle s'était blessée en courant après une gazelle. Elle semblait très en colère contre papa et les jumeaux et, surtout, contre elle. Elle ne cessait de redire la même chose :

– Quelle mauvaise lionne je suis, une mauvaise maman aussi, incapable de nourrir ses petits. Comme ils avaient raison de me chasser du clan.

Elle répétait combien elle regrettait sa vie d'avant, celle du clan, tout en disant qu'ils avaient été méchants…

Les deux lionceaux décidèrent de s'éloigner de Nine en attendant que l'orage passe et, une fois encore, s'aventurèrent dans la forêt interdite en suivant une gazelle qui leur semblait facile à attraper.

C'était une jeune gazelle, avec de petits bois, tout petits, si petits qu'elle devait probablement être aussi jeune qu'eux deux.

Alors qu'elle avait l'air de gambader et de jouer à chercher des baies dans des arbustes, Polo et Maggie s'enfoncèrent de plus en plus dans la forêt interdite sans se rendre compte que, d'herbe en herbe, d'arbre en arbre, ils s'égaraient complètement.

Le jour commença à décliner, le soleil, à se coucher, et c'est Polo qui, le premier, réalisa qu'ils étaient perdus. Tout paraissait sombre, désormais, et les bruits familiers de la jungle avaient disparu, remplacés par le silence, des craquements, des bruissements de feuilles…

Soudain, dans une clairière, alors qu'ils retrouvaient la petite gazelle qui broutait, un bruit sourd se rapprocha d'eux, d'abord faible puis de plus en plus précis.

Ne pouvant ni avancer ni reculer, ils lancèrent l'attaque, bien maladroits, mais courageux et prêts à se défendre.

Mais, au moment où ils allaient bondir tous les deux, un géant cornu surgit et se mit en travers de leur chemin. Deux grands yeux clairs et doux à la fois les regardaient. Une gazelle, gigantesque, avec des cornes magnifiques et effrayantes, s'avança vers eux.

– Petits inconscients, comptiez-vous réellement attraper Gita, ma fille ?

Et elle se mit à rire, d'un rire si doux et si fort qu'ils se regardèrent, surpris. C'était Clara, la maman de la petite gazelle, chef des gazelles de la forêt interdite.

Maman Nine les avait pourtant bien prévenus de ne jamais parler à personne. Tout ce qui ne provenait pas de leur petit clan n'était pas admis, et les autres étaient méchants.

Mais, alors qu'ils regardaient autour d'eux, ils se rendirent compte qu'ils n'avaient aucune idée du chemin de retour. Maman Nine serait furieuse... encore.

Le sourire et les yeux de Clara, sa voix grave et douce, tout leur inspirait confiance. Et c'était la première fois qu'ils rencontraient une autre maman, d'une autre espèce. À la fois intrigués et inquiets, ils demandèrent à la belle Clara de leur montrer le chemin pour rentrer à la maison. Elle n'avait pas l'air si méchante, en tout cas pas comme maman Nine avait décrit les autres gens, et il leur semblait même qu'ils pouvaient se confier à elle et discuter.

Alors que Clara demandait à quel clan ils appartenaient, les deux lionceaux s'assombrirent. Ils expliquèrent qu'ils n'avaient plus de clan, que leur maman en avait été exclue et qu'ils vivaient seuls avec leurs parents, juste eux, et que ça suffisait bien comme ça, qu'ils n'avaient besoin de personne. Personne.

– Personne ? reprit Gita. Mais avec qui jouez-vous ?

– Tous les deux ensemble, ou avec maman quand elle va bien, répondirent-ils en chœur.

– Quand elle va bien ? répéta Clara.

Alors, avec courage, ils racontèrent que parfois leur maman était un peu rugissante et imprévisible, et qu'ils ne saisissaient pas toujours pourquoi, mais pensaient que c'était le plus souvent leur faute.

Ils avaient un peu l'impression d'avoir trahi maman Nine en dévoilant tout à Clara. Le plus souvent, Nine était une maman lionne très gentille et formidable, et elle les protégeait tant, les aimait tant. Mais, en même temps, ils auraient tellement aimé l'aider et comprendre ce qui lui arrivait. Savoir ce qu'ils devaient faire pour qu'elle soit toujours contente et pas fâchée.

Clara semblait songeuse et leur dit :

– Laissez-moi vous parler de ma sœur Sam, qui est une très très gentille gazelle, qui aime ses enfants et veut toujours faire de son mieux pour eux. Malheureusement, elle a du mal à gérer ses émotions de gazelle. Parfois, adolescente, lorsqu'elle était triste ou inquiète, elle se laissait submerger par ses émotions. Pour éviter que cela reste coincé en dedans d'elle (elle me dit souvent que c'est comme si cela lui faisait mal à l'intérieur), elle faisait sortir cela en jet, d'une manière explosive, et gare à celui qui était à côté ! On n'avait souvent rien dit ou rien fait, mais on se trouvait là au mauvais moment et on subissait la colère de ma sœur. Elle a longtemps été très triste de ne pas savoir gérer sa colère ni ses émotions, et se trouvait tellement méchante qu'elle nous disait qu'elle allait quitter la famille gazelle et rester seule pour ne blesser personne.

« J'ai alors un jour pensé au singe sage, grand savant et docteur des animaux, qui connaissait beaucoup de secrets.

« Le grand singe sage que nous avons consulté nous a expliqué que ce qui arrivait à Sam était une maladie, et que cela se passait dans son cerveau. Il m'a raconté que, parfois, son cerveau était débordé par les émotions et qu'elles sortaient alors de n'importe quelle façon, souvent sous la forme de colère, de cris ou de rage. Elle se sentait alors vide et triste, mais cela ne durait pas… Elle s'enfuyait ou courait à perdre haleine et revenait toute calme, tout apaisée, mais si désolée qu'elle avait honte d'elle-même et de ses débordements. Elle ne s'aimait pas beaucoup, Sam. Elle trouvait qu'elle était une mauvaise gazelle et avait même une fois décidé de partir de la harde, pensant qu'elle n'était pas digne de notre amour. Ce n'était pas sa faute, ni la faute de personne d'ailleurs, elle était juste comme ça. Le singe sage nous a alors aidés à l'aider en nous préparant des potions de fruits et de feuilles, et il a très longtemps et régulièrement discuté avec elle. Il nous recevait parfois tous pour voir les progrès de Sam et toutes ses belles réussites. »

Clara leur assura enfin, alors que la sortie de la forêt apparaissait et qu'ils entendaient au loin leur mère rugir d'inquiétude, que maman Nine les aimait sûrement très fort, que sa maladie n'était pas leur faute et qu'ils ne pouvaient pas la guérir tout seuls. Il fallait que maman Nine soit aidée par le singe sage. Surtout, Clara leur redit qu'il ne fallait pas qu'ils gardent leurs secrets et leur tristesse pour eux tout seuls, car c'était trop lourd à porter. Clara proposa aussi qu'ils reviennent régulièrement la voir et promit qu'elle serait là, à l'entrée de la forêt, lorsqu'ils auraient besoin d'elle. Elle leur suggéra enfin d'aller rencontrer le singe sage, qui pourrait leur expliquer ce qui se passait pour maman Nine, et peut-être même de parler avec maman si elle était d'accord. Enfin, elle rappela aux petits de rester des lionceaux rieurs, de continuer à jouer, à attraper des papillons, à faire s'envoler les oiseaux, à discuter entre eux, à se faire de nouveaux amis, à apprendre à chasser (mais sans manger Gita)... car c'était ça, la vie de petits lionceaux !

Lorsqu'ils arrivèrent à la maison, maman Nine était folle d'inquiétude, mais, avant même qu'elle puisse rugir, Polo prit son courage à quatre pattes et lui raconta leur étrange mais sympathique rencontre. Maman était fâchée qu'ils aient parlé à une inconnue, mais elle les écouta en laissant couler une larme. Elle souffrait tellement de n'être jamais d'humeur égale et de s'en prendre à ceux qu'elle aimait le plus au monde.

Alors, ce soir-là, tandis que tous dormaient, elle prit une grande décision. Elle franchit la lisière de la forêt interdite et murmura doucement, si doucement qu'elle ne reconnut pas le son de sa voix, tant elle rugissait fort d'habitude :

– Clara, Clara, êtes-vous là ? Je souhaite rencontrer le singe sage.

Quand elle vit les deux grands yeux doux et clairs de Clara s'approcher d'elle, elle sentit pour la première fois qu'elle n'était plus seule et qu'elle irait enfin mieux…

Le trouble de la personnalité limite (TPL), c'est quoi?

Le TPL se caractérise par une instabilité dans les relations interpersonnelles, l'image de soi et l'expression émotionnelle, ainsi qu'une impulsivité marquée qui apparaît au début de l'âge adulte dans divers contextes. On l'appelle aussi personnalité *borderline*. C'est un trouble de la gestion des émotions entraînant une intensité dans de nombreuses sphères de la vie.

On y retrouve des efforts effrénés visant à éviter un abandon réel ou imaginé. Les patients ressentent fréquemment un sentiment de vide chronique. Les relations interpersonnelles sont souvent instables et intenses, caractérisées par une alternance des extrêmes de l'idéalisation et de la dévalorisation. L'image de soi et l'identité sont perturbées, avec une faible estime de soi. On remarque une forte impulsivité et un potentiel autodestructeur (dépenses impulsives et inconsidérées, sexualité à risque, toxicomanie, conduite automobile dangereuse, trouble alimentaire). Le patient peut avoir ou menacer d'avoir des comportements et gestes suicidaires ou d'automutilation, de manière récurrente. L'humeur est très réactive, instable, avec de l'irritabilité, de l'anxiété sur des périodes qui peuvent durer de quelques heures à quelques jours. L'irritabilité entraîne des colères excessives, difficiles à maîtriser. Dans des moments de stress intense, le patient peut avoir des idées passagères de persécution, des symptômes dissociatifs graves, voire même être en proie à des hallucinations.

La prise en charge est centrée sur la psychothérapie, avec parfois la prescription de médicaments pour contrôler certains symptômes, améliorer les capacités fonctionnelles et optimiser les effets de la psychothérapie. L'hospitalisation des patients est habituellement limitée à la gestion des crises (y compris aux situations où la sécurité de la personne atteinte est compromise). Les hospitalisations sont généralement de courte durée.

La grenouille qui comptait tout le temps

(le TOC – trouble obsessionnel-compulsif)

Il était une fois, dans un étang tranquille, une famille de petites grenouilles vertes qui y logeaient depuis des générations. Tout l'étang les connaissait bien et les appréciait vraiment beaucoup. Il y avait Sami le papa, qui détestait qu'on le confonde avec un crapaud. Il avait déjà été attrapé par un petit garçon qui l'avait enfermé dans un bocal, où il était resté coincé des heures avant que la maman de l'enfant ait pitié du « crapaud » et le libère. Il y avait aussi Délia, la maman grenouille, qui avait de jolies taches jaunes sur le dos, et enfin Tristan, leur fils.

Ils vivaient heureux dans l'étang, au coin du saule pleureur, dont les tiges et feuilles descendaient si bas que Tristan avait l'impression d'être caché par des rideaux.

C'était le paradis sur terre, disait souvent sa maman... qui n'avait jamais connu d'autres endroits, de toute façon, pensait Tristan.

Il allait à l'école de l'étang, avec tous ses amis, dont Tina la libellule et Phil la tortue d'eau. Leur professeur, maître Simon, était un martin-pêcheur sévère mais rigolo, et surtout passionnant, car il avait voyagé partout, même en Afrique.

La vie de Tristan était tout à fait normale... enfin presque. Mais personne ne pouvait s'en douter.

En effet, Tristan faisait toujours comme si tout allait bien, travaillait à l'école, avait de bonnes notes, était toujours de bonne humeur, ne se plaignait jamais. Il avait d'ailleurs reçu deux années de suite le prix du meilleur camarade.

Et pourtant: dans son petit cœur de grenouille, il cachait une inquiétude, une tristesse, un secret. Mais un secret si secret qu'il ne savait même pas ce que c'était vraiment.

Il y avait quelque chose dans sa famille qui était bizarre. Ou plutôt quelqu'un: son papa.

C'était un super gentil papa, rigolo, qui aimait bien faire des blagues… mais qui cachait un truc… Tristan le savait, car il l'avait observé. Comme ni papa ni maman ne lui disaient ce que c'était, cela devait être très grave. Et, comme ils ne lui en parlaient pas à lui, leur fils, cela devait le concerner ou être sa faute.

Veux-tu que je te dise ce que Tristan voyait ?

Tous les matins, son papa, levé le premier, allait au coin de l'étang faire de drôles d'exercices.

Il sautait sur les nénuphars : jusque-là, me diras-tu, rien d'anormal pour une grenouille !

Le truc bizarre, c'est qu'il ne sautait que sur les nénuphars verts, jamais ceux avec une fleur, et il comptait à voix haute. S'il se trompait, il semblait se fâcher et recommençait, recommençait, recommençait. Cela pouvait durer tellement longtemps que, souvent, il oubliait de venir pour le petit-déjeuner et Tristan et maman mangeaient seuls. Maman essayait de faire comme si elle ne remarquait pas l'absence de papa. Elle parlait, elle parlait… mais souvent pour ne rien dire, pensait Tristan, inquiet pour son papa.

Si jamais quelque chose l'interrompait dans ces cas-là, son papa se fâchait et devenait très méchant. Il fallait le laisser tranquille quand il faisait ses trucs, selon maman.

Et il repartait, 1, 3, 5, 7, 9 nénuphars sans fleur, vert, sans fleur, vert.

Parfois, aussi, il lui arrivait de regarder son reflet dans l'étang. Longtemps, il semblait examiner chaque œil, puis regardait ses pattes, les observait, observait, et les plongeait ensuite dans l'étang, pour les ressortir très vite et les frotter, les frotter… Comme si elles étaient très très sales. Et il recommençait… s'observait, s'examinait, plongeait ses pattes, et se frottait…

Il faisait toujours ça caché, là où personne ne pouvait le voir, sauf Tristan qui le regardait en secret.

Et il trouvait cela tellement bizarre qu'il ne pouvait en parler à personne, car tout le monde aurait dit que son papa était anormal ou même fou. Et son papa n'était pas fou, il avait juste un comportement spécial.

Ce matin-là, pourtant, Tristan décida de questionner Phil, son ami :

– Ça t'arrive, des fois, de trouver tes parents bizarres ?

– Bizarre comme la mère folle de Pilou ? répliqua Phil en riant très fort.

Tristan ne répondit rien, mais baissa les yeux et se mit à rire aussi.

Il se souvenait de Pilou. C'était un copain crapaud qui ne venait plus à l'école, car sa famille avait changé d'étang. C'était son meilleur ami, avant, mais Tristan avait dû choisir entre lui et sa bande d'amis, car tout le monde se moquait de sa maman qui était… bizarre. Avant de dire quelque chose, elle faisait trois sauts et prononçait trois fois « coa coa coa »… Tristan était triste en repensant à son ami Pilou, et honteux aussi. Heureusement personne ne connaissait son secret à lui.

En rentrant à sa maison, il décida de rejoindre l'étang voisin et de retrouver Pilou pour lui parler. Papa était occupé à compter les nénuphars, maman prenait le thé chez la voisine ; il avait tout son temps.

Il ne mit pas longtemps à gagner l'étang et trouva facilement la maison de nénuphars de Pilou, qui était d'ailleurs assis devant, à travailler.

En voyant arriver son ancien meilleur ami, Pilou eut le cœur serré et il accueillit Tristan, fâché.

– T'es venu encore te moquer de ma mère, c'est ça ? Va-t'en !

Tristan hésita. Devait-il trahir le secret de son père ? Et si Pilou se moquait, et s'il allait tout raconter partout ?

Il prit son courage à deux pattes et commença son histoire. Et Pilou ne se moqua pas. Ne rit pas. Au contraire, ses yeux, remplis de larmes, semblaient tout à coup heureux. Il emmena son ami voir ses parents et leur expliqua l'histoire de Tristan et de son papa.

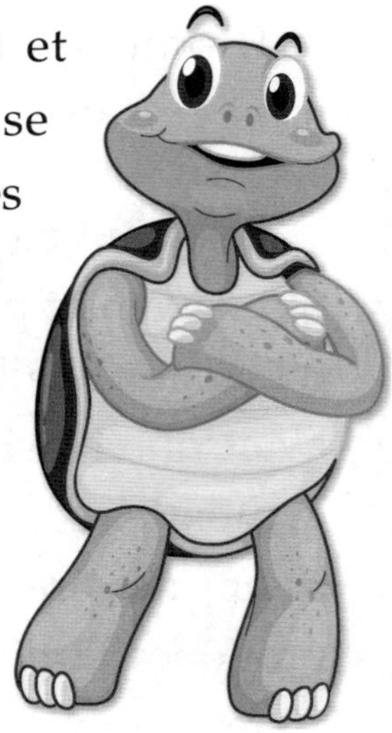

C'est la maman de Pilou qui prit la parole la première :

– Tu sais, je pense que tu devrais demander à ton papa de t'expliquer ce qui lui arrive. Moi aussi, au départ, je pensais que tenir Pilou loin de mon secret serait plus simple et éviterait de l'inquiéter ou de le rendre triste. Mais je me suis rendu compte que garder un secret le rendait encore plus triste et inquiet de mon état. Il se sentait exclu de la famille, tout seul, et se demandait s'il était responsable de ce qui arrivait. Quand je lui ai dit que je n'étais pas folle ou bizarre comme certains le pensaient, mais que j'avais une maladie, dans ma tête, et qu'on pouvait m'aider avec des potions et des docteurs, ça l'a soulagé.

Tristan, Pilou et ses parents prirent le chemin du retour, vers la maison de Tristan, ensemble. Tristan était très reconnaissant de la discussion même s'il ne savait pas encore quel était le secret de papa.

En arrivant à son étang, ils croisèrent Phil et Tina qui jouaient. En apercevant Pilou, ils se mirent à rire et chuchotèrent :

– Hé ! Mais c'est Pilou COA-COA, le fils de la toc-toc !

Tristan se retourna et se fâcha :

– Pilou est mon ami. Ce que tu lui dis, tu me le dis à moi aussi !

Puis il leur tourna le dos. Pilou était si heureux que les larmes coulaient sur ses joues. Ils se promirent de se revoir très vite et Tristan retrouva son père.

– Papa, dit-il, je m'inquiète et je ne comprends pas ce qui t'arrive. Je te vois compter, et recompter, te laver, et te relaver les pattes, et je trouve ça bizarre. Je me demande si je suis responsable de cela. Est-ce que je me suis mal comporté ?

Papa fut surpris, mais soulagé, et sourit.

– J'aurais dû t'expliquer cela il y a longtemps, mais je n'ai pas osé, de peur que tu t'inquiètes, ou que tu trouves cela si bizarre que tu ne m'aimes plus comme avant.

Il lui expliqua alors tout : que, depuis quelque temps, il voyait le docteur Héron, qui l'aidait pour une maladie dans sa tête. Cette maladie lui donnait des

pensées bizarres, pensées qui l'embêtaient beaucoup. Par exemple, il croyait toujours qu'il était sale et qu'il avait plein de microbes sur les pattes, et se sentait obligé de se laver et relaver tout le temps... Il lui arrivait aussi de penser que son œil gauche était plus petit que le droit, et c'est pour cela qu'il vérifiait souvent son reflet dans l'étang... Enfin, il craignait que quelque chose n'arrive à sa femme ou à Tristan, et il avait découvert qu'en comptant et recomptant les nénuphars, cela pouvait empêcher ou, au moins, diminuer le tourbillon de ses pensées.

Papa allait voir le docteur Héron toutes les semaines quand Tristan était à l'école.

Tout s'éclaira pour Tristan, qui comprit qu'il n'était pas responsable et que son papa avait de l'aide et voulait aller mieux !

Le lendemain, à l'école, c'était le jour de l'exposé oral que Tristan avait préparé depuis deux semaines pour parler des nénufars.

Lorsque son tour vint, Tristan se leva et dit :

– Aujourd'hui, je vais vous parler de mon papa et des gens différents.

Le TOC, c'est quoi?

Le trouble obsessionnel-compulsif comporte des obsessions, qui sont des pensées qui s'imposent à l'esprit, angoissantes et envahissantes, que les personnes atteintes tentent de calmer grâce à des compulsions, c'est-à-dire des gestes ou des comportements répétitifs et rassurants. Ces personnes sont capables de se rendre compte qu'elles ont des obsessions et des compulsions, mais elles ne parviennent pas pour autant à les contrôler. Cela vient empiéter sur leurs activités professionnelles, scolaires ou sociales. Les obsessions occupent sans cesse l'esprit, et les compulsions prennent du temps, parfois plusieurs heures.

Chaque fois, les obsessions (pensées récurrentes) sont suivies d'actions visant à apaiser la personne atteinte, c'est-à-dire des compulsions. Ces obsessions peuvent être la peur d'être contaminée, sale, malade. Cela peut être l'obsession du rangement, de la symétrie, de l'ordre. Cela peut être la peur de faire mal ou de blesser les autres (phobie d'impulsion). Ces pensées intrusives peuvent aussi être liées à la sexualité, ou à des préoccupations excessives pour une partie de son corps (focalisation sur un nez jugé bossu, par exemple); on retrouve également la peur de jeter des objets (qui amène des accumulations compulsives), la peur de faire des erreurs. Les compulsions qui soulagent ces pensées sont variées, comme vérifier, toucher plusieurs fois, compter, laver, placer, ordonner, accomplir des rituels mentaux (compter à l'envers, par exemple).

La prise en charge est centrée sur la psychothérapie pouvant être associée, selon les situations, à une médication.

Grisou le chat-lion

(la schizophrénie)

Il était une fois, dans une maison chaleureuse, la famille Clarence et leurs deux animaux à poils, Grisou le papa chat et son chaton, Gribouille, petit chat tout blanc avec une tache grise autour de l'œil gauche.

Grisou, lui, était un chat de gouttière solitaire gris avec une tache blanche autour de l'œil droit. Il était indépendant et avait rencontré, il y avait un an, la belle Chatoune, qui avait tristement disparu en donnant naissance au petit Gribouille.

Grisou n'avait pas été très rassuré de devoir s'occuper seul de ce petit chaton miauleur et fragile. Il n'avait jamais vraiment aimé être entouré et, depuis l'adolescence, il évitait le monde des chats et des humains.

Pourtant, il y avait cinq ans, lors d'un hiver très froid, il avait trouvé refuge chez les Clarence et y était finalement resté : il y était au chaud, on y mangeait à sa faim et on y dormait sur des coussins douillets. Que demander de plus ? Il n'aimait pas trop qu'on le câline ou qu'on le prenne, ni qu'on l'approche de trop près. Il n'avait besoin de personne et aimait rester à penser, seul dans sa tête et avec ses idées. Et des idées, il n'en manquait pas.

On disait de lui, d'ailleurs, que c'était un chat spécial, un peu bizarre, un peu sauvage… « Sauvage », il aimait bien le mot, car cela correspondait vraiment à sa nature, à son caractère, à ce qu'il ressentait à l'intérieur. Il était une bête sauvage, il en était sûr au fond de lui.

Gribouille, son fils, quant à lui, coulait des jours heureux, entouré de la famille Clarence, et aimait jouer avec Hugo, le petit garçon. Il jouait à courir derrière des pelotes de laine, se faisait les griffes sur son tapis, s'étirait sur son coussin et surtout, surtout, aimait recevoir des câlins. Son père le regardait en secouant la tête.

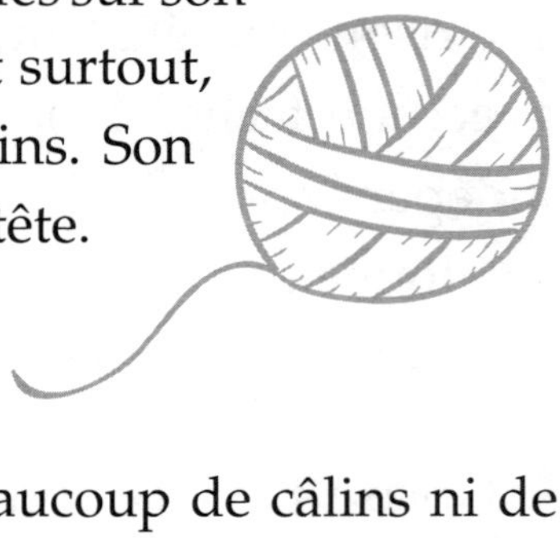

– Un vrai chat, ce gamin...

Gribouille ne recevait pas beaucoup de câlins ni de tendresse de Grisou. Il ne se souvenait d'ailleurs pas s'il en avait déjà reçu. Pas un seul petit coup de museau ni un coup de langue. Il ne manquait de rien, n'était pas malheureux, mais il lui manquait pourtant de l'affection de son père, surtout quand celui-ci se levait avec sa tête des mauvais jours, sa « tête de lion », comme disait Gribouille.

Régulièrement, en effet, Grisou se réveillait dans la peau d'un lion. Dès qu'il ouvrait l'œil, Gribouille pouvait s'en apercevoir : Grisou s'étirait, secouait bizarrement sa tête comme pour agiter une crinière, miaulait comme s'il rugissait et quittait la maison par la chatière en glissant à Gribouille :

– Sois courageux, mon petit lion, aujourd'hui, papa va chasser l'antilope.

Gribouille ne savait jamais quand son père allait revenir, et même s'il allait le revoir un jour. Dans ces cas-là, son père perdait complètement le sens des réalités et courait tous les dangers. Il revenait parfois plein de griffures et le museau abîmé, disant qu'il s'était battu contre un crocodile ou un hippopotame…

Il lui arrivait de passer une heure caché derrière un arbre, de bondir soudain sur un papillon qu'il prenait pour un oiseau ou sur un écureuil qu'il croyait être un petit buffle…

D'autres fois, il devenait très nerveux et demandait à Gribouille de ramper sur ses quatre pattes en silence, expliquant qu'un aigle royal rôdait au-dessus de leurs têtes et qu'un rhinocéros allait charger…

Il n'était jamais rassuré et avait souvent l'impression d'être en danger : alors Gribouille, pourtant réconforté par la famille Clarence, était aussi envahi par les inquiétudes de son papa et cela pouvait l'empêcher de dormir ou lui faire faire des mauvais rêves.

Parfois, Grisou discutait tout seul et semblait tantôt fâché, tantôt triste, mais paraissait très absorbé dans une conversation imaginaire.

Pauvre papa, il voyait des choses que personne d'autre ne voyait. Et, si quelqu'un avait le malheur de lui dire que ce n'était pas la réalité, il se fâchait.

Un soir, il s'était choqué en recevant son repas :

– Pourquoi continuent-ils à nous donner cette infâme pâtée molle ? Et pourquoi ne nous servent-ils pas du buffle frais ou de la gazelle tendre ? J'ai besoin de vitamines, besoin de mordre pour garder mes crocs et canines acérés... Je vais finir par perdre mes dents, à la fin. Pour qui me prennent-ils, un chat ?

Lorsqu'il allait rejoindre ses amis dans le parc voisin, Gribouille croisait toujours les vieux matous qui se moquaient de lui :

– Mais c'est le fils du roi de la jungle, regardez !

– Où il est, le grand lion, aujourd'hui ? À la chasse ?

Puis le gros chat roux aux yeux bleus globuleux racontait comment, la veille, il avait vu Grisou, caché derrière une poubelle, en train de guetter une souris qu'il prenait pour une gazelle… Tous se mettaient à rigoler, et les rires grinçants des vieux chats moqueurs résonnaient encore longtemps dans la tête du petit Gribouille.

Il était triste. Il aimait bien son papa, mais ce dernier était si bizarre quelquefois. Comme il aurait préféré qu'il ne sorte pas dehors, qu'il ne rencontre pas ses amis quand il se prenait pour le roi de la jungle !

Gribouille ne savait pas s'il devait en rire ou en pleurer, mais, souvent, le soir, il pleurait, alors que toute la maison était endormie.

Il aurait tant aimé avoir sa maman à ses côtés, ou un petit frère...

Il aurait pu lui parler, essayer de comprendre ce qui arrivait à papa. Gribouille se demandait souvent ce qu'il pouvait faire, s'il était responsable de quelque chose, s'il avait fait quelque chose de mal. Devait-il dire à son papa qu'il n'était vraiment pas un lion ?

– Mais est-ce que je suis sûr, finalement, de ne pas être un bébé lion ? Et si c'était les autres qui se trompaient et qu'ils ne savaient pas qu'ils étaient des lions ? Et si papa avait raison ? Et si ?... Et si ?...

Gribouille était complètement perdu dans ce qu'il ressentait, ce qu'il vivait. Tout était si mélangé dans sa tête qu'il en venait à douter de tout.

Alors, une nuit, il décida d'en avoir le cœur net et de découvrir la vérité... en allant au zoo de la ville.

Il prit son courage à quatre pattes et, au moment où la maison venait de s'endormir, il passa la chatière et sortit discrètement. Il savait que c'était tout à fait interdit, mais il était sûr de rentrer avant le lever du jour. Il connaissait très bien l'endroit où se situait le zoo et tous les lampadaires de la ville étaient allumés le long de la rue, ce qui lui donnait l'impression d'être sur une piste d'atterrissage d'avion, comme il l'avait vu un jour à la télé, couché sur son coussin doux.

Il croisa tous les vieux matous du coin qui, cette fois, ne le remarquèrent pas, occupés qu'ils étaient à rechercher de la nourriture laissée par les restaurants qui venaient de fermer. Au bout de quelques rues, peut-être plus, il atteignit le gigantesque portail du zoo et se glissa à travers : rien de plus simple pour un tout petit chaton !

S'il avait réussi sans problème à arriver au zoo, Gribouille ne savait pas du tout où se trouvait celui qui allait pouvoir l'aider : le Grand Lion.

Tout était silencieux et il passa devant certains enclos sombres, où il entendait renifler de drôles de bêtes qu'il n'avait pas le goût de réveiller !

Attiré par une lumière et des bruits, il découvrit la cage aux singes ; dans un miaulement discret, en s'excusant de les déranger, il leur demanda comment rejoindre le Grand Lion.

– Hé ! les amis, répondit un singe d'un air amusé, le petit chat cherche Mistigri.

Et tous se mirent à rire…

Mistigri, se dit Gribouille, curieux nom pour le roi de la jungle…

Les singes, toujours hilares, indiquèrent une cage à quelques mètres, plongée dans l'ombre. Elle était immense et, en s'approchant, Gribouille sentit soudain son courage diminuer. Arrivé au pied de la cage, il entendit une respiration rauque, puis une deuxième, et enfin une troisième. Ainsi le roi de la jungle vivait là en famille ?

Il miaula un « il y a quelqu'un ? » hésitant et retint son souffle.

Gribouille entendit alors une respiration s'approcher.

Soudain, il se trouva nez à nez avec une énorme bête, à la tête ronde et aux yeux rieurs éclairés par la lune.

– Salut, lui dit la créature poilue, je m'appelle Victor.

– T'es… t'es… un lion ? lui demanda Gribouille dans un souffle.

– Non, un lionceau, un bébé lion. Et toi, t'es quoi ?

– Un chaton, un bébé chat.

Et tous les deux se mirent à rire.

– Je cherche en fait le Grand Lion Mistigri, poursuivit Gribouille.

Victor s'assombrit et se recula.

– Il ne s'appelle pas Mistigri, il s'appelle Hector, répondit le lionceau d'une voix empreinte à la fois de tristesse et de colère.

– Excuse-moi, ce sont les singes qui…, commença Gribouille.

– Je sais très bien comment ils appellent mon père, ces babouins stupides, l'interrompit Victor en tentant de réprimer ses larmes. Qu'est-ce que tu viens faire ici, te moquer de lui, comme tous les autres ?

Gribouille n'était plus vraiment sûr de ce qu'il était venu chercher… mais décida quand même de tout lui expliquer.

Il raconta donc à Victor comment son père, Grisou, chat de son état, se prenait parfois pendant des jours, voire des semaines même, pour un lion sauvage. Gribouille ne savait pas comment réagir, quoi faire et ce qui arrivait à son papa.

À la fin du récit, les yeux du lionceau brillaient toujours, mais plus de colère ou de tristesse : plutôt d'espoir.

Une bête encore plus grosse que Victor apparut alors, avec un air si doux et si tendre que Gribouille comprit que c'était probablement la maman du lionceau.

– Je te présente Gribouille, dit Victor à sa maman avec beaucoup d'excitation, avant de lui raconter d'une traite toute l'histoire de son nouvel ami.

– Mon petit chat, dit la maman, laisse-moi t'expliquer. Ton papa souffre peut-être d'une maladie, comme Hector, le papa de Victor. Cette maladie se passe dans son cerveau, dans sa tête. Et, lorsque leur cerveau fonctionne mal, ton papa et Hector voient des choses, sentent des choses, entendent des choses qui n'existent pas, et se prennent parfois pour ce qu'ils ne sont pas vraiment. Hector, lui, se prend régulièrement... pour un chat. Il refuse de sauter dans les cerceaux du dompteur, se lèche les poils, essaie de miauler et joue avec des petites pelotes de laine... Cela peut durer des jours, et même des semaines.

« Lorsque cela commence, le dompteur lui donne des gouttes spéciales pour que cela ne dure pas trop longtemps, pour lui et pour nous. Dans ces cas-là, c'est difficile de discuter avec lui, il n'est pas vraiment là dans sa tête, il vit dans son monde. Et puis il parle... tout seul. »

Un lion qui se prenait pour un chat, quel drôle de phénomène, pensait Gribouille. Comme cela devait être difficile pour Victor... comme cela l'était pour lui aussi !

Gribouille se sentait tout à coup moins seul : ainsi, ce qui arrivait à son papa était une maladie connue, il n'était pas le seul à en souffrir et il y avait des gouttes pour l'aider un peu...

Gribouille se sentit rempli d'une nouvelle énergie et de courage. Il dut quitter ses nouveaux amis, mais leur promit de revenir les voir régulièrement pour discuter de ses soucis, se renseigner sur la maladie de son père et apprendre à vivre avec ses comportements bizarres et étranges…

En rentrant à la maison, il recroisa les vieux matous, qui, cette fois, l'aperçurent et lui lancèrent d'un ton moqueur :

– Hé ! mais c'est le fils du roi de la jungle, les gars ! Il est où, le paternel, il fait dodo ? Comment va Grisoufoufou ?

Cette fois-ci, contrairement aux autres jours, Gribouille s'arrêta.

– Mon père s'appelle Grisou, c'est un bon papa, un très bon papa même. Parfois il est bizarre et étrange, mais c'est mon papa. Il n'est pas fou, il est malade.

Il leur tourna le dos alors qu'ils baissaient les yeux, gênés et honteux de leurs moqueries.

Quand il arriva chez lui, le chaton trouva Grisou, tranquillement endormi, une petite pelote de laine serrée entre ses deux pattes. Attendri, Gribouille vint se blottir contre son papa, qui s'étira bien fort et ouvrit ses deux pattes pour y accueillir son chaton ronronnant.

Aussi bizarre fût-il, ce papa, il ne le changerait pour rien au monde !

La schizophrénie, c'est quoi?

La schizophrénie est une psychose, maladie qui entraîne une perte de contact avec la réalité. Des symptômes dits positifs et des symptômes négatifs sont présents à des degrés variables chez chaque patient.

Dans les symptômes positifs, on peut retrouver...

Des délires : ce sont des croyances qui sont hors de la réalité. Par exemple, la personne qui délire peut croire que son corps et ses pensées sont contrôlés par des forces extérieures, que quelqu'un lit dans ses pensées, qu'elle est élue et a une mission, qu'elle a des pouvoirs inhabituels, qu'elle est connectée à une puissance extraterrestre... Elle peut aussi fréquemment penser que quelqu'un lui veut du mal (sentiment d'être suivi, filmé, observé), ce qu'on nomme un délire de persécution.

Des hallucinations : il s'agit de troubles de la perception. La personne atteinte hallucine quand elle entend, voit, goûte, sent ou ressent quelque chose qui n'existe pas dans la réalité. Les hallucinations les plus courantes sont auditives : la personne entend des voix qui parlent d'elle ou qui lui parlent.

Une désorganisation du comportement : la personne atteinte peut éprouver énormément de difficulté à terminer une tâche apparemment routinière, comme prendre un bain, s'habiller convenablement et préparer des repas simples. Au cours de la phase aiguë de la maladie, elle est habituellement incapable de planifier ses journées et d'accomplir des tâches qu'elle exécutait auparavant sans problème.

Des troubles de la pensée : la personne atteinte ne parvient plus à faire des liens entre ses idées, ce qui complique la communication avec les autres. Elle apparaît incohérente, illogique, et passe du coq à l'âne, ce qui la rend difficile à suivre.

Dans les symptômes négatifs, on peut retrouver…

Un ralentissement de l'activité physique : la personne atteinte peut devenir immobile, le regard perdu dans le vide, catatonique. Dans le cas de patients très délirants, à l'inverse, on peut retrouver une grande agitation.

Une baisse de motivation : la personne atteinte de schizophrénie a souvent de la difficulté à amorcer et à terminer une tâche, à mener un projet à terme. Il existe un désintérêt progressif pour les actes de la vie quotidienne (habillement, hygiène, courses à faire…).

Un retrait de la vie sociale : la personne atteinte de schizophrénie se sent souvent plus en sécurité et plus calme lorsqu'elle est seule, et devient parfois si absorbée par ses pensées et ses sensations qu'elle se désintéresse des sentiments et de la vie des autres. On observe donc un repli progressif de la vie sociale.

L'ambivalence : il s'agit d'idées, de désirs, de sentiments contradictoires à l'égard d'une personne, d'un objet ou d'une situation. Un exemple typique peut être celui d'un patient atteint de schizophrénie qui apprend le décès d'un proche et éclate de rire ; l'événement et sa réaction émotive sont discordants. La personne atteinte de schizophrénie a souvent de la difficulté à prendre une décision, même au sujet de questions relativement banales comme ce qu'elle va porter le matin. Il n'est pas rare qu'après avoir pris une décision, elle ait énormément de mal à s'y tenir.

Un changement de sensibilité aux autres : la personne atteinte devient plus sensible vis-à-vis de son entourage, ou encore elle se replie sur elle-même, semblant n'accorder aucune attention aux autres. Elle peut devenir méfiante et craindre que les autres parlent d'elle, aient de mauvaises intentions à son égard, lui veuillent du mal.

La prise en charge repose d'abord sur la médication (antipsychotique essentiellement), mais nécessite souvent des hospitalisations dans les phases aiguës très productives (avec beaucoup de symptômes positifs), qui peuvent mettre en danger le patient et son entourage. De même, en cas de symptômes négatifs entraînant une perte totale d'élan vital, une hospitalisation sera nécessaire.

Des interventions psychosociales vont aussi permettre au malade de se fixer des objectifs dans les aspects les plus importants de sa vie et de travailler à leur réalisation.

QUATRIÈME PARTIE

Je vous confie les clés

« Un voyage de mille lieues commence toujours par un premier pas. »

LAO-TSEU

Pour terminer ce livre, je veux souligner ce qui me semble primordial dans votre démarche, avec des idées-clés auxquelles vous pourrez vous référer à tout moment !

Tout commencera évidemment par la décision de vous lancer, de faire le premier petit pas !

Ensuite, comme l'expression populaire le dit : je vous confie les clés !

Alors rappelez-vous l'importance de chacune de ces étapes :

Sortez du secret et de l'isolement. Sortez du mensonge, de la dissimulation et du silence qui vous enferment. Libérez-vous pour ne pas risquer d'y être piégé.

« Les monstres sont vrais, et les fantômes sont vrais aussi. Ils vivent à l'intérieur de nous. Et parfois ils gagnent », disait Stephen King.

Ne les laissez plus gagner. Ouvrez la porte de la cage !

Osez être authentique, faillible et imparfait.

Questionnez votre enfant sur ce qu'il sait déjà. A-t-il déjà entendu parler de cette maladie, de ce mot, connaît-il des amis dont le papa ou la maman en souffrent ?

Nommez « l'ennemi invisible » et essayez de reconnaître les perceptions de l'enfant à ce sujet. N'oubliez pas : ce qui est nommé existe. On n'affronte donc plus un ennemi invisible, un monstre terrifiant et angoissant. Comme dans un jeu de bataille ou de héros, l'ennemi a été trouvé et démasqué.

L'annonce devrait être faite idéalement à la fratrie réunie, ce qui peut favoriser le sentiment de solidarité et de fraternité, de soutien et de lien.

Dans un deuxième temps, au rythme de chacun et en fonction de son âge, cela sera repris au gré des demandes.

Il ne faut pas se mettre en tête de tout expliquer d'un coup.

Les choses devront être répétées, car souvent la première annonce occasionne un choc ou une sidération, et parfois on observe que l'enfant cesse d'écouter et repart à son occupation ordinaire comme si ça ne le concernait pas ou ne le touchait pas.

Il faut être prêt à cette éventualité et ne pas se formaliser de cette réaction, qui peut signifier que la capacité d'écoute de l'enfant est dépassée, qu'il a reçu trop d'informations ou que, au contraire il a bien compris, mais préfère se replier de façon défensive pour assimiler en faisant ce qu'il sait faire de mieux : jouer. Cette apparente froideur réactionnelle ou indifférence peut heurter les parents, mais c'est pourtant un mécanisme défensif classique de votre enfant contre cette information, pour le moment inaudible.

L'enfant, surtout s'il est plus petit, aura besoin de voir, de toucher le « bobo » pour faire le lien avec ce qu'il connaît des « bobos ».

Si c'est possible pour une jambe cassée ou un pansement quelconque, il est évident que le caractère invisible et impalpable de la maladie mentale vient empêcher la comparaison. Ainsi, la lecture d'un conte métaphorique peut être une aide précieuse pour conscientiser l'enfant sur la situation.

On peut en revanche, dans le cas de maladie cyclique de type bipolaire ou de trouble de la personnalité limite impliquant des humeurs changeantes, établir une petite météo quotidienne des soleils et des nuages dans la tête de maman ou de papa.

Réintégrez votre enfant au sein de la famille en lui confiant votre situation. Mais il ne faut pas oublier que l'enfant garde sa place d'enfant et qu'il n'est ni thérapeute ni aidant naturel.

« Maintenant que tu sais ce qui m'arrive, tu pourras parfois aider papa et maman pour de petites choses (il est important d'impliquer l'enfant), mais tu ne dois pas être responsable de la famille, de tes frères et sœurs. Tu n'es pas responsable de ma guérison ; je ne suis pas seul (ou seule) et des professionnels m'aident. »

Rassurez votre enfant et **expliquez** votre état afin de sortir de l'idée du normal-anormal.

On sait où se trouve l'ennemi (la maladie) : dans le cerveau. N'hésitez pas à dire que beaucoup de gens ont la même maladie (maman/papa n'est pas seul(e) et nous ne sommes pas seuls à vivre cela). Cela permet à l'enfant de retrouver un groupe, une place dans son univers, un sentiment d'appartenance et de réconfort face à l'impression de solitude.

Rappelez-lui que chaque personne est différente et vit les choses à sa façon.

Cette maladie n'est pas contagieuse et on ne peut pas l'attraper en faisant des câlins !

Comme elle est au niveau du cerveau, de la tête, la maladie ne change pas le cœur ni l'amour que papa et maman lui portent.

C'est une maladie, certes, mais elle n'envahira pas tout.

L'orage est dans votre tête, mais le calme est dans votre cœur.

La maladie n'a rien à voir avec quelque chose que l'enfant fait mal ou qu'il devrait faire bien ou mieux. Elle n'est la faute de personne, elle survient comme ça et les médecins et les chercheurs continuent à faire des études et des recherches pour comprendre comment cela se produit.

Il est important de ne pas tomber dans le piège du chantage culpabilisant : « Si tu es heureux, que tu continues à faire comme si de rien n'était, que tu as de bonnes notes, maman ira bien. » Ou le piège classique : « Si tu es vraiment sage, papa guérira plus vite. »

Rassurez l'enfant en normalisant certaines réactions : « Tes émotions sont normales et peuvent même être dirigées contre ta mère/ton père : sentiment de colère, d'injustice, de honte, de ressentiment, déni, tristesse, culpabilité... ». L'enfant ne doit pas se sentir culpabilisé parce qu'il réagit. Sachez qu'il arrive à beaucoup d'enfants d'avoir, même en dehors du cadre de toute maladie parentale, des sentiments ambivalents vis-à-vis d'un parent, voire l'envie que ce parent disparaisse.

À l'inverse, l'enfant peut ne pas manifester d'émotions ou ne pas savoir quoi dire ; dans ce cas aussi, il faut le rassurer en lui disant que cela est correct, que les mots ne viennent pas toujours, et que garder le silence est acceptable.

L'enfant peut être agacé par la situation, notamment lors d'une nouvelle hospitalisation. Le parent peut préciser que ce sentiment est normal et qu'il trouve aussi ça long et agaçant.

Des hospitalisations subites, des décompensations du parent peuvent être très traumatiques et culpabilisantes si l'enfant n'y est pas préparé. La maladie mentale étant parfois imprévisible, il est primordial, je ne saurais le répéter assez, de parler de ces éventualités lors de périodes d'accalmie symptomatique.

Établissez des stratégies en impliquant votre enfant dans leur mise en place. Connaître l'ennemi, c'est aussi le voir venir (en reconnaissant les symptômes précurseurs), le combattre.

« La maladie fait que papa/maman peut avoir des comportements que tu ne comprends pas, mais on va réfléchir ensemble à ce que tu peux faire lorsque ceux-ci se manifestent. »

« Nous verrons ensemble vers qui tu peux te tourner ou qui contacter ou appeler en cas de besoin ou d'urgence, qui te gardera ou qui viendra te chercher à l'école. »

« Nous ferons en sorte que tes routines et tes habitudes soient le plus intactes possible, et il faut que tu continues à être un petit garçon/une petite fille qui joue et qui s'amuse. Mais nous allons maintenir les règles de la maison, qui sont importantes malgré tout. »

L'enfant, quelle que soit sa réalité, a besoin d'être sécurisé. Le cadre et les limites font partie de cette rassurance.

« Si tu entends des gens qui en parlent autour de toi, et que certaines choses t'inquiètent, il est bon que tu viennes vérifier cette information pour voir si elle est vraie ou pas. »

Et, pour finir, n'oubliez pas : la meilleure formule est de parler avec votre cœur, vos mots, vos expressions, votre ressenti, vos émotions.

CONCLUSION

> *« Il n'est rien de si méprisable que l'acceptation de l'impuissance par avance, sans avoir essayé ses forces. »*
>
> HECTOR DE SAINT-DENYS GARNEAU

Je suis dépressive…
Tu es anxieux…
Il est schizophrène…
Nous sommes obsessionnels…
Vous êtes bipolaires…
Elles sont *borderlines*…

Cela semble se conjuguer à toutes les personnes.

Pourtant, je lutte au quotidien contre l'usage du verbe « être » avec les noms de maladie. Pourquoi ? Je l'ai déjà dit et le redis…

Vous n'êtes pas votre maladie. Elle ne vous définit pas, ne vous caractérise pas. Elle est ce dont vous souffrez. Elle est certes à l'intérieur de vous, mais elle n'est pas vous.

En nous désidentifiant de la maladie dont nous souffrons, nous gardons notre identité, notre humanité. Il ne s'agit pas d'être dans le déni de la réalité. Juste de nous rappeler que nous ne sommes pas nos pathologies, pas plus que les médicaments que nous prenons.

Nous sommes des individus, singuliers, modèles originaux, et chacun de nous porte en lui des ressources et un potentiel inestimables.

Vous qui lisez ce livre êtes peut-être, sûrement parent. Je suis maman. Quelles que soient mon histoire et mes faiblesses.

Je le suis pour ces deux petits êtres merveilleux qui me regardent avec les yeux de la confiance et de la foi. En moi, en nous, en leur famille et, en définitive, je l'espère, en eux.

Faire sortir les parents de la honte et du secret où trop d'entre eux sont enfermés: tel est le but de ce livre. Son ambition secrète serait aussi de participer à la déstigmatisation des troubles psychiatriques et de permettre à chacun, un jour, d'être capable de dire devant ses pairs, sa famille, ses collègues : je souffre de dépression, d'anxiété, de maladie bipolaire… sans baisser les yeux ni la voix, et sans regard de pitié ou de crainte en retour.

J'ai foi en notre capacité à ouvrir nos mentalités et nos cœurs. Refusons l'impuissance et essayons de déployer nos forces et nos ailes. Celles du courage et de la fierté.

Fierté d'être ce que nous sommes, comme nous sommes : imparfaitement uniques.

BIBLIOGRAPHIE

1) CYRULNIK, Boris. *Un merveilleux malheur*, Paris, Odile Jacob, 2002.

2) LEE, Kang. « Little Liars : Development of Verbal Deception in Children », *Child Development Perspectives*, vol. 7, n° 2, juin 2013, p. 91-96.

3) PISTORIO, Marc. *Vérité ou conséquences : oser l'authenticité envers soi, en couple et en famille*, Montréal, Éditions de l'Homme, 2008.

4) LANDRY-DATTÉE, Nicole, et Marie-France DELAIGUE-COSSET. « La vérité… avec des mots gentils », *La lettre de l'enfance et de l'adolescence*, n° 75, « Dire, taire, mentir », 2009, p. 65-72.

5) SIEGEL, Daniel J., et Tina PAYNE-BRYSON. *Le cerveau de votre enfant*, Paris, Les Arènes, 2015.

6) BROWNELL, Celia A., Margarita SVETLOVA, et autres. « Socialization of Early Prosocial Behavior: Parents' Talk about Emotions is Associated with Sharing and Helping in Toddlers », *Infancy*, vol. 18, janvier 2013, p. 91-119.

7) RICŒUR, Paul. *La métaphore vive*, Paris, Seuil, 1975.

À propos de l'auteure

Dr Céline Lamy est une pédopsychiatre d'origine française, expatriée au Québec, mariée et maman de jumeaux. Sa pratique allie la pleine conscience, la thérapie d'acceptation et d'engagement (ACT), les thérapies brèves humanistes et le yoga.

Céline Lamy croit profondément en une médecine intégrative et humaniste associant les pratiques conventionnelles occidentales aux sagesses des approches complémentaires.

Vous désirez savoir comment bien accompagner votre enfant pour qu'il devienne un adulte responsable et autonome ?

Alors ce livre est pour vous !

Être parent est un défi quotidien, et il n'existe malheureusement pas de manuel d'instruction ! Cependant, pour guider son enfant vers l'autonomie et en faire un être épanoui, il existe certains principes de base. Ils vous sont présentés dans ce livre afin que vous vous sentiez mieux outillé pour jouer votre rôle. À la lecture de cette boîte à outils, vous comprendrez que :

- Le cadre, les règles et les limites ne sont pas optionnels.
- Vous devez être une source de frustration pour votre enfant.
- Les enfants agissent différemment en fonction des gens à qui ils ont affaire.
- L'apprentissage de l'autonomie est parfois difficile.
- La réalité importe peu, seule compte la perception.
- La paix finit toujours par coûter cher.
- Savoir bien se comporter n'est pas inné.
- La confiance en soi doit être bien dosée.
- Le bonheur passe par l'action.

Ponctué de faits vécus et de cas cliniques, cet ouvrage sympathique stimulera vos réflexions et sera à coup sûr une aide précieuse pour tout parent. Car l'apprentissage n'est jamais fini !

Un outil indispensable pour les parents, les intervenants et les enfants !

Christophe, Lili et Beth ont de la chance ! Ils assistent à la dernière étape avant la mise en marche de Tom, le robot. Professeur doit programmer six émotions : la joie, la peur, la colère, le dégoût, la tristesse et l'amour. Les enfants préféreraient qu'on laisse de côté celles qui sont déplaisantes, mais le scientifique leur explique pourquoi elles sont essentielles.

Votre enfant sait-il reconnaître et nommer ses émotions ? Comprend-il bien leur rôle ? Contrôle-t-il ses réactions ? Si vous avez répondu non à l'une de ces questions, ce conte illustré vous permettra d'aborder le sujet avec lui, d'une façon simple et imagée.

La section « auto-observation » de ce petit livre sympathique et coloré le conduira à mieux distinguer ses émotions et les sensations physiques qui les accompagnent.

Faites le plein de trucs applicables au quotidien afin d'aider votre enfant à assimiler, puis à gérer ce qu'il ressent. Vous verrez, ce n'est pas si compliqué !

Achevé d'imprimer
sur les presses de
Imprimerie H.L.N.
Imprimé au Canada - Printed in Canada